Hablemos de sexo

Hablemos de sexo

Aprenda a conversar con sus hijos sobre el sexo

Una guía paso a paso para padres

Linda y Richard Eyre

Traducción

Ana del Corral

GRUPO
EDITORIAL
norma

Barcelona, Bogotá, Buenos Aires, Caracas, Guatemala,
Lima, México, Miami, Panamá, Quito, San José, San Juan,
Santiago de Chile, Santo Domingo

Edición original en inglés:
HOW TO TALK TO YOUR CHILD ABOUT SEX
de Linda y Richard Eyre.
Una publicación de Golden Books
888 Seventh Avenue New York, NY 10106.
Copyright © 1998 por Linda y Richard Eyre.

Copyright © 1999 para América Latina
por Editorial Norma S. A.
Apartado Aéreo 53550, Bogotá, Colombia.
Reservados todos los derechos.
Prohibida la reproducción total o parcial de este libro,
por cualquier medio, sin permiso escrito de la Editorial.
Impreso por Cargraphics S.A. — Impresión Digital
Printed in Colombia — Impreso en Colombia

Edición, Amalia de Pombo
Diseño de cubierta, Marca Registrada

ISBN: 958-04-5333-0

Agradecimientos especiales a las dos personas
sin quienes los escritores no pueden existir:
nuestro agente y nuestro editor.
Somos afortunados por contar, en ambos casos, con lo mejor:
Jan Miller y Bob Asahina.

Contenido

PREFACIO   9

INTRODUCCIÓN   19

1   Charlas preliminares "según la necesidad"
con niños entre los tres y los ocho años   41

2   La "gran charla" de los ocho años   73

3   Charlas de seguimiento con niños, entre
los ocho y los tres años de edad   99

4   Conversaciones acerca del comportamiento
con muchachos entre los once y los dieciséis años   163

5   Conversaciones sobre perspectivas y normas
personales con muchachos entre los quince
y los diecinueve años   225

EPÍLOGO   277

Prefacio

———◆———

Cuando nuestro libro *Cómo enseñarles valores a sus hijos* saltó al primer lugar en la lista de bestsellers del *New York Times* en 1993, nos dimos cuenta de cuán profundamente preocupados se encuentran los padres por los valores con los cuales sus hijos están creciendo. Y desde entonces, por cuanto el capítulo 6 de ese libro —el capítulo sobre valores sexuales— continuaba despertando en los lectores el mayor interés, la mayor respuesta, el mayor número de cartas y la mayor gratitud, hemos creído que el tema de la sexualidad y todo lo referente a enseñar responsabilidad sexual y moderación puede ser el mayor de los retos que enfrentan los padres hoy en día.

Hoy en día, cuando los titulares de primera plana en los periódicos inducen a nuestros hijos a hacernos preguntas —preguntas para las cuales tal vez no estemos preparados, y para cuyas correspondientes respuestas quizá nuestros hijos tampoco estén preparados, el reto es más intenso. Y lo que necesitamos no es una colección de respuestas simplificadas ni "instantáneas". Necesitamos estar a la ofensiva, en vez de estar a la defensiva; precisamos de un enfoque integral que les ayude a los niños a enfrentarse no solamente a los titulares de la prensa, sino a las grandes alternativas que se les presentarán en la vida.

Nuestras charlas con padres de todas partes del mundo, que va desde conversaciones personales hasta sesiones de preguntas y respuestas ante amplios auditorios, nos han convencido de que los padres necesitan y quieren ayuda práctica y utilizable. Quieren saber cómo hablarles a sus hijos sobre el sexo de una manera positiva y pragmática, y quieren estar seguros de que su voz y su influencia pesarán más que las de los medios de comunicación y las de los compañeros.

Es eso lo que hemos tratado de aportar en este libro. Por ello está compuesto en gran parte de "diálogos modelo" o de ejemplos de conversaciones para utilizar con sus hijos, que tratan acerca de diversos aspectos de la sexualidad y de la intimidad humana, y tiene como eje la "gran charla" que sugerimos para sostener con niños de ocho años de edad. Este diálogo fundamental de los ocho años de edad está precedido de diálogos preparatorios y seguido de conversaciones concebidas para continuar tratando el tema a lo largo de la adolescencia, cada una adaptable a la situación y a la personalidad de los padres y a la edad de los hijos.

La mecánica y la moralidad

La dificultad para escribir un libro sobre cómo hablarles a los hijos sobre la sexualidad radica en que las actitudes y las opiniones sobre lo que es adecuado, correcto y mejor en cuanto a las normas que rigen tanto a los adultos como a los niños son muy variadas. A continuación exponemos el enfoque que hemos elegido y la razón por la cual lo hemos hecho:

En los diálogos y discusiones que hemos elaborado para este libro hemos querido hacer dos cosas separadas pero conexas: En primer lugar, presentar un modelo claro para explicarles a los niños la mecánica y los hechos, y, en segundo lugar, extender la mayor parte de los diálogos para incluir la noción de lo bella, imponente y maravillosa que puede ser la sexualidad cuando se da en el marco de una relación amorosa comprometida, leal y exclusiva. Interpretar esa situación como un matrimonio o como algún otro tipo de compromiso es asunto de cada cual. Y si usted elige hablarles a sus hijos solamente después de haberles informado sobre la mecánica y los hechos físicos de la sexualidad, bien puede dejar de lado los elementos secundarios de cada diálogo.

Pensando en esa flexibilidad individual, decidimos que, si errábamos, deberíamos hacerlo hacia el lado más conservador y protector. Al fin y al cabo, es más fácil para los padres prescindir de una parte de los diálogos que agregarles algo. Por lo tanto, hemos tratado de proporcionar suficientes elementos acerca del segundo aspecto de la cuestión, a fin de satisfacer a los padres más protectores, de manera que todos encuentren y utilicen lo que necesiten. Y es sorprendente cuán conservadores son la mayoría de los padres cuando se trata de lo que esperan y desean para sus hijos. Un creciente número abriga la esperanza de que sus hijos practiquen la abstinencia hasta el matrimonio, aunque tal no haya sido el caso en sus propias vidas. Sea como sea, la mayoría de los padres aspiran, al menos, a que sus hijos adopten el tipo de moderación que proporciona seguridad y que aplaza las relaciones sexuales hasta que haya madurez y un compromiso real.

Así que... no hojee el libro solamente para concluir que es demasiado conservador (o demasiado liberal, o de extrema derecha, o demasiado izquierdista, o demasiado espiritual, o demasiado laico). *El libro será lo que ustedes quieran que sea.* Los diálogos se pueden adaptar a sus creencias.

Y ábrale espacio a la posibilidad de que sus propias creencias y convicciones sobre lo que es apropiado y sobre lo que es mejor para sus hijos (y para usted) pueda cambiar a medida que lee y reflexiona, y especialmente a medida que habla con sus hijos. Este libro está escrito para brindarle las opciones y las herramientas, porque usted tiene el poder, más que cualquier otra persona en el planeta, de saber qué es lo mejor para sus hijos. El propósito de este libro es ayudarle a descubrir qué es lo mejor y a tener éxito enseñándolo.

Temas

Algunos temas se entretejen a lo largo del libro. Los dos primeros representan enfoques opuestos a la mayor parte de lo que ha sido escrito sobre niños y sexualidad en el último decenio. Lo que hemos leído sobre el tema generalmente se centra en la *magnitud* y el *temor*. La magnitud se ocupa de las dimensiones del problema, del vasto alcance, inconmensurable gasto e inmenso riesgo que representan las relaciones sexuales y los embarazos en la adolescencia, y de la necesidad de encontrar soluciones amplias desde el punto de vista legal, educativo y gubernamental. El temor se relaciona más que todo con los peligros que entraña la promiscuidad. Incluye intentos de crearles a los niños la conciencia suficiente (y el temor suficiente) sobre los riesgos que implica la promiscuidad, a fin de que se vuelvan más responsables en su sexualidad.

Este libro tiene un enfoque diferente: se basa en la *pequeñez* y en el *amor.*

La pequeñez: Para los padres, la preocupación es íntima y cercana al hogar; un niño, su hijo, que toma buenas decisiones y que desarrolla al máximo sus posibilidades de encontrar el amor verdadero y la felicidad duradera. El libro se centra en el intercambio entre padres individuales e hijos individuales. Palabras como *personal, íntimo* e *individual* se utilizan con frecuencia para recordarnos esta perspectiva.

El amor: La mejor razón (y la más efectiva) para ejercer moderación y responsabilidad sexual es que aumenta las posibilidades de tener un compromiso duradero y una familia segura y feliz. Un niño con esta meta, esta esperanza, esta visión, tomará mejores decisiones sobre cada aspecto de su vida. Los adjetivos *hermoso* y *formidable* se utilizan repetidamente como símbolos de este enfoque positivo. La protección por excelencia para los hijos (y la motivación más fuerte para evitar las relaciones sexuales tempranas y peligrosas) es crecer pensando que la sexualidad es un milagro maravilloso y espectacular que no solamente hace bebés, sino que puede unir parejas y familias con lazos de felicidad y lealtad. Las palabras *hermoso* y *formidable* llegarán a representar esa actitud ante sus hijos.

Hemos elegido estos enfoques porque pensamos que al cambiar lo micro cambia lo macro, y que lo que queremos que nos ocurra pesa más que lo que no queremos que nos ocurra. Creemos que el amor es más fuerte que el temor y que cada familia fortalecida hace que el mundo sea un lugar ligeramente mejor y más hermoso.

Además de la orientación hacia la intimidad personal y el amor positivo, hay otros cinco temas recurrentes en este libro:

Información preventiva: Ningún padre o madre realista cree que puede ser la única fuente de información sexual para el niño. Los medios de comunicación, el grupo de compañeros y la escuela, todos desempeñarán papeles amplios (y variados). Pero los padres que tienen un mensaje apropiado y que saben elegir el momento, pueden anticiparse y desactivar la información negativa y dañina. Tienen también la capacidad de crear un marco de referencia positivo y un filtro efectivo a través del cual los niños puedan interpretar e interiorizar lo que les resulta útil y de ayuda, y tamizar o dejar de lado lo que les resulta dañino o peligroso.

La familia: Todos los padres guardan la esperanza (y tienen como meta) maximizar la felicidad y el bienestar de sus hijos y ayudarles a que lleguen a tener un día sus propias familias felices. El sexo siempre está enfocado en este libro como un asunto de familia. La destrucción de la familia es, en última instancia, el más grave riesgo derivado de utilizar la sexualidad erróneamente; la mejor función de la sexualidad es fortalecer a la familia.

Principios correctos: La mejor manera como los padres pueden transmitirles a sus hijos los principios más importantes es enseñárselos de forma práctica y específica a medida que las familias hablan sobre sexo. La comunicación abierta, el saber aplazar la gratificación y la habilidad para implementar metas y planes eficazmente, son apenas algunos de los principios que los padres pueden enseñar paralelamente y como parte del enfoque positivo hacia el matrimonio y la sexualidad.

Realismo: Por considerarla "poco realista", algunos encuentran equivocada cualquier actitud que difiera de la de ceder ante las

relaciones sexuales casuales y experimentales. Pero la mejor definición de una actitud "realista" es la de tener conciencia sobre lo que
está sucediendo en realidad y actuar consecuentemente.

A continuación dos reconocidos escritores ofrecen su opinión
acerca de lo que está ocurriendo. Mary Pipher escribe en su exitoso
libro *The Shelter of Each Other* (El refugio mutuo):

> [Nuestro mundo] ahoga a los niños en estímulos sexua-
> les. En anuncios de revistas, adolescentes semidesnudos se en-
> trelazan en un abrazo para vender bluyines o ropa interior. En
> un programa de televisión un hombre describe el interés sexual
> que le despiertan los pies. Los videojuegos incluyen con fre-
> cuencia mujeres sexualizadas y ligeras de ropa. Los computado-
> res domésticos conectan a los pedófilos con niños que están
> aprendiendo a teclearlos. Los niños de hoy están escasamente
> protegidos contra los mensajes sexuales que veinte años atrás
> habrían sido tabú incluso para los adultos.

Leonard Pitt escribió en un artículo para el servicio de noticias
Knight Ridder/Tribune del 19 de marzo de 1997:

> El mundo que hemos hecho es bruscamente diferente
> [del] que una vez conocimos. Esta cultura no se desarrolló a
> partir de aquélla; es una mutación. Éstas son épocas más des-
> carnadas, más crudas, más frías y la promiscuidad sexual se ha
> convertido en una peligrosa espada de Damocles que debería
> dejarnos aterrados. El sexo ha sobresaturado a nuestros hijos.

En este escenario, en esta realidad, existe solamente un camino realista que debemos tomar: hacer todo lo que esté a nuestro alcance para proteger a nuestros hijos y actuar para prevenir que ingresen ingenuamente a la peligrosa promiscuidad del momento, que les puede hacer daño de tantas maneras.

Enfoque hacia lo personal: Debido a la naturaleza personal del tema, hemos tratado de escribir este libro de una manera muy personal. Cada sección del libro termina con un paréntesis personal: consejos personales a los padres; una fábula o un relato para antes de dormirse, que es uno de los preferidos de nuestra familia; un recuento de fundamentales conversaciones de sobremesa; y una conversación con viejos amigos que, basándose en todas las razones equivocadas, se habían dado por vencidos frente a la idea de que sus hijos guardaran moderación sexual.

La tarea que le proponemos es leer el libro de una manera tan personal como fue escrito; aplicarlo al caso de sus propios hijos y a su propia vida.

Los "¡ajá!" y los "sí, pero..."

Pensamos que todos los lectores serios de este libro experimentarán un par de reacciones recurrentes. Una será la de "¡ajá!, entiendo eso y creo que es cierto". La otra será la de los "sí, pero...", pequeñas excusas o excepciones que pueden seguir a los ¡ajá!: "Sí, pero eso no funcionaría con mis hijos".

El primer reto que le planteamos es que acepte los ¡ajá! Cuando algo parezca ser lo indicado para sus hijos, permita que la nueva idea o el nuevo concepto entre, permítale echar raíz y déjelo "ganarle" a lo que usted ha venido haciendo o a lo que es más fácil o a lo que todos los demás están haciendo, incluso por encima de lo que usted piensa que es realista. Nuestro reto es que haga a un lado los "sí, pero". Los enfoques y diálogos que proponemos en este libro no son fáciles para nadie, y enseñar tanto los hechos como la moderación implícita en la responsabilidad sexual son un reto para cualquier padre. Será natural la inclinación a encontrar razones por las cuales algo no funcionaría en su situación particular, por qué no lo puede hacer, por qué su hijo no escuchará. Pero ninguna de estas razones le servirá de ayuda a su hijo. Así que libre la batalla en medio de éstas y haga lo mejor que pueda. Quizá el progreso sea lento, pero, con una actitud perseverante y decidida, usted logrará que las cosas sean diferentes.

Uno de los principales "sí, pero" puede ser: "Sí, pero mi familia no es como la de los Eyres. Parecen demasiado perfectos". Permítanos tranquilizarlo a ese respecto. Cuando oímos algo así, nuestra reacción es una mezcla de risa y pánico. Pensamos: "Si tan sólo supieran...", pero también sentimos temor de que la gente no se dé cuenta del hecho que más significativamente nos califica para escribir libros destinados a otros padres: ¡Somos compañeros de lucha! Nuestras perspectivas vienen de experiencias con muchos niños muy normales (y con frecuencia muy difíciles). No escribimos sobre todos los problemas que hemos tenido —¿quién quiere un libro en diez volúmenes?—, pero los problemas y retos que hemos encarado y que nos hemos esforzado en resolver nos han dado el valor para escribir.

Sus circunstancias y situaciones como padres son únicas, al igual que las nuestras, pero este libro no trata sobre circunstancias y situaciones. Trata sobre el reto de enseñarles a nuestros hijos a ser sexualmente responsables y, en última instancia, sexualmente felices. Y ese reto es, en esencia, igual para todos. ¡Ojalá lo superemos con éxito!

Introducción

Lo que los padres encaran hoy

———————◆———————

Hablarles a los niños sobre sexo nunca ha sido fácil.
Y hoy en día es más complicado y más crucial que nunca.
Nuestros hijos están expuestos (en todos los sentidos
de la palabra) a más sexualidad proveniente de un mayor
número de fuentes que nunca antes. Antes de entrar
en los diálogos y los debates diseñados para aumentar
la influencia que ustedes puedan tener sobre el destino
sexual de sus hijos, es importante mirar más de cerca
el problema, a fin de entender qué es lo que estamos
enfrentando y llegar a creer que podemos
estar a la altura del reto.

El problema

La dificultad e incomodidad de hablarles a nuestros hijos sobre sexo se ha convertido casi en un cliché cultural: los padres nerviosos y colorados, que buscan a tientas las palabras adecuadas para hablar con un hijo (o hija) que disimula la risa y dice finalmente: "No te preocupes, mamá (o papá). Yo ya sé todo lo del sexo".

Y no sólo es cuestión de "llegar demasiado tarde" con esta clase de debate. Es cierto: las charlas entre padres e hijos sobre temas sexuales tienen lugar cada vez con mayor frecuencia por causa de su asidua presencia en los medios de comunicación. Sin embargo, un sorprendente número de padres nunca tienen "la charla" con sus hijos, y mucho menos una comunicación franca y permanente sobre los aspectos físicos, emocionales y espirituales de la sexualidad.

Los padres que sí les hablan a sus hijos sobre el sexo lo hacen con frecuencia en un contexto de temor, peligro y advertencia que incita a algunos chicos a la rebelión y a la experimentación y produce en otros una inhibición negativa que les roba la alegría.

El problema, desde luego, es mucho más profundo que nuestra propia incomodidad o la postergación del tratamiento del tema y más profundo que la rebeldía o la inhibición de nuestros hijos. Nuestra falta de acción y de efectividad como padres a este respecto produce actitudes, hábitos y comportamientos sexuales que llevan o contribuyen a toda una serie de problemas relacionados entre sí.

En el nivel macro, o social, la actividad sexual irresponsable es un problema de tal magnitud, que a duras penas puede ser aprehendido o medido. Los costos económicos directos de los embarazos de las adolescentes son enormes; los costos indirectos de las necesidades en materia de asistencia social, judicial y correccional asociados al fenómeno son impresionantes; y los costos emocionales son inconmensurables.

En el nivel micro, o familiar, las actividades sexuales ocasionales y promiscuas y las actitudes sexuales destructivas y negativas separan a las familias, ocasionando decisiones desgarradoras, que dejan hondas cicatrices emocionales, relacionadas con el aborto, el truncamiento de los estudios y la carrera y la proliferación de enfermedades físicas y emocionales.

Es posible que los padres entiendan una parte o la totalidad de este asunto, pero también puede ser que se sientan poco calificados e incapaces de aconsejar eficazmente a sus hijos. Es muy fácil sentirse abrumado frente a los insidiosos mensajes que proporcionan los medios de comunicación y los compañeros: "Todos lo hacen... sin consecuencias". Pero los estudios y encuestas muestran que los padres que se comprometen, que se esfuerzan, pueden tener mucho mayor influencia sobre sus hijos que cualquier otro factor o fuerza.

La solución

La solución nunca dependerá de legislaciones, ni estará escrita en programas de educación escolar, ni estará grabada en un simple videocasete o en un CD-Rom interactivo. La solución debe estar en los hogares y en las familias, y debe provenir de los padres.

Este libro expone una serie de conversaciones sencillas que los padres pueden sostener con sus hijos acerca del sexo, la seguridad, el compromiso y el matrimonio. Las conversaciones tienen un tono positivo y promueven el establecimiento de un vínculo emocional entre padres e hijos. Enfocadas de manera apropiada, no serán ni incómodas ni difíciles para los padres o los hijos.

Los padres podrán superar la incomodidad y adquirir seguridad al utilizar estos modelos de conversación porque son simples y claros, y han sido desarrollados y perfeccionados mediante su aplicación en una amplia variedad de niños.

La solución, en otras palabras, estriba en la comunicación. Éste es, por encima de todo, un libro sobre padres que se comunican con sus hijos. Si bien es cierto que la mayor parte de los debates se centran en la sexualidad y la intimidad humana, también se incluyen temas como el alcohol y las drogas, el ahorro y la economía, las habilidades para tomar decisiones, e incluso las perspectivas históricas y estadísticas. Recuerden lo siguiente: padres e hijos que se pueden comunicar sincera y abiertamente respecto a un tema tan íntimo como la sexualidad, encontrarán mucho más fácil comunicarse respecto a otros temas.

Los padres que se comprometen a mantener una comunicación abierta permanente, que analizan su postura y deciden que lo que ellos creen es lo mejor en relación con sus hijos y la sexualidad de éstos (qué es lo más saludable y qué les aporta mayor felicidad física, mental, emocional, social y espiritualmente) y que dedican el tiempo y encuentran las herramientas adecuadas para ayudarles a sus hijos a llegar a las mismas conclusiones, son padres que no sólo tendrán las soluciones, sino que serán ellos mismos las soluciones.

Los resultados y la promesa

Excúsenos cierto orgullo de padres en este aspecto, pues estamos haciendo una aseveración anticipada sobre los *resultados*. Al escribir este libro, la mayor de nuestros nueve hijos tiene 26 años y acaba de terminar un posgrado en Harvard. Nuestra siguiente hija acaba de convertirse en madre y trabaja con su marido en la ciudad de Washington, en la Fundación Points of Light (Puntos de Luz). Nuestro hijo menor tiene 11 años y va a ingresar al sexto grado. De los otros seis, cuatro están en la universidad o estudiando en otros países, y dos cursan bachillerato y viven en nuestra casa. Todos ellos son personas independientes, de mucha personalidad y de espíritu animoso. Con cada uno de los nueve, hemos sostenido una vez la conversación "de los ocho años" (y también las conversaciones previas y las posteriores que presenta este libro). ¡Y han funcionado! Todos y cada uno de nuestros nueve hijos enfocan la sexualidad con una actitud positiva, saludable y prudente, y cada uno de ellos ha evitado las relaciones sexuales precoces y los peligros emocionales y físicos que éstas entrañan durante los años previos a la adolescencia y durante ésta. Todos y cada uno de ellos desean la seguridad y el compromiso de la fidelidad en sus matrimonios.

¡Y no se trata solamente de nosotros! Dirigimos una organización cooperativa de padres llamada SJS Homebase, que cuenta con más de cien mil miembros de todas partes de los Estados Unidos y de muchos lugares del mundo. Por lo tanto, podemos afirmar que las personas que han utilizado éstos y otros métodos semejantes han tenido un rotundo éxito en enseñarles a sus hijos acerca de la sexualidad y en mantenerlos a salvo de la experimentación sexual precoz.

Y no sólo estos padres pertenecientes a SJS Homebase han logrado ejercer, en asuntos de sexualidad o intimidad, una influencia más fuerte sobre sus hijos que la de los medios de comunicación o la de los compañeros. Los hechos corroboran de manera abrumadora que cualquier padre que decida consagrar sus esfuerzos a ello y que esté seguro de contar con el método adecuado y las herramientas apropiadas, puede enseñarle a su hijo a considerar la sexualidad de manera positiva y responsable; que los padres pueden proteger a sus hijos de los devastadores peligros físicos y emocionales de la actividad sexual experimental, ocasional o promiscua y elevar al máximo las probabilidades de que sus hijos tengan un matrimonio y una familia estables, felices y comprometidos.

La estructura

Este libro está compuesto por cinco secciones de diálogos y discusiones: Charlas preliminares "según la necesidad" con niños entre los tres y los ocho años de edad; la gran charla de los ocho años; charlas objetivas posteriores de seguimiento para niños entre los ocho y los trece años; conversaciones sobre el comportamiento con chicos entre los once y los dieciséis años; conversaciones sobre perspectivas y normas personales con muchachos entre los quince y los diecinueve años. El hecho de que las edades se superpongan permite aplicar los diálogos a los diferentes niveles de madurez emocional y física y a las diferentes circunstancias de diversas comunidades.

Recuerde que las cinco secciones y denominaciones de edad no son simplemente diferentes maneras de sostener la misma charla con niños de diferentes edades. Son, más bien, una secuencia o una serie de discusiones menores y relacionadas que empiezan con temas apropiados para niños de tres años y que van avanzando hasta el nivel de discusión apropiado para muchachos de dieciocho o diecinueve años de edad. Las edades que indicamos son el esquema de tiempo *ideal* para los debates, y existen ventajas claras en empezar con niños muy pequeños e ir avanzando a lo largo de las categorías por edades en la forma como las presentamos. Si usted se demora en empezar a conversar con el niño o la niña, existen sugerencias para adaptar las conversaciones que, idealmente, deberían haberse producido antes. Vea especialmente las secciones "Mayores de doce" y "Cómo empezar de nuevo".

Una vez que usted haya concluido la "gran charla" de los ocho años, encontrará que las tres secciones finales están separadas no solamente por edad sino por el estilo y el tono de lo que se trata. La sección dedicada a las edades de los ocho a los trece años se centra en conversaciones acerca de los datos básicos en cuanto a la pubertad, la maduración y una amplia gama de temas relacionados con la sexualidad. La sección entre los once y los dieciséis años trata principalmente sobre el comportamiento del adolescente y los peligros a que se halla expuesto. Y la sección de los quince a los diecinueve está concebida para ayudarles a los chicos que cursan la secundaria a tener perspectivas claras y a trazarse normas personales igualmente claras. La secuencia y progresión temática de estas tres secciones pueden resumirse así:

EDAD	TEMA	PAPEL DE LOS PADRES	OBJETIVO
8-13	Lo básico	Profesores	Preventivo; que se enteren de las cosas primero por ustedes.
11-16	Comportamiento	Administradores	Retardar el crecimiento social.
15-19	Creencias	Consultores	Hacer lo debido por las razones debidas.

Preguntas y respuestas

La mayoría de las conferencias y seminarios que damos a los padres las concluimos con una sesión de preguntas y respuestas. Las siguientes son las preguntas que con mayor frecuencia hacen los padres y algunas de nuestras respuestas:

Pregunta: ¿Por qué es tan difícil hablarles a nuestros hijos sobre el sexo (tan difícil que un increíble número de padres nunca lo hacen)?

Respuesta: Existen tres razones: la incomodidad que nos causa recordar el tema y nuestras propias inhibiciones conscientes e inconscientes; nuestra carencia de un plan o agenda o de una idea clara de lo que deberíamos decir y de cómo lo deberíamos decir; y la ambigüedad en cuanto a lo que verdaderamente creemos sobre el sexo y lo que queremos que nuestros hijos crean.

Pregunta: Incluso con ayuda (métodos comprobados, diálogos y demás), ¿pueden los padres competir con los medios de comunicación y los compañeros, en el sentido de ejercer la influencia dominante sobre el pensamiento de los chicos respecto a la sexualidad?

Respuesta: ¡Sí! Los padres que empiezan temprano y saben qué es lo que están haciendo pueden ejercer la influencia dominante, reemplazando y acallando todas las otras voces.

Pregunta: ¿Tiene que ser incómodo y vergonzoso para ambos padres hablarle al hijo de sexo?

Respuesta: ¡No! Muy por el contrario. Si se hace en el momento justo y de la manera apropiada, puede ser grato y natural. Puede, además, establecer entre padres e hijos un vínculo profundo y poderoso que facilita la comunicación y la confianza en todos los demás aspectos de la vida.

Pregunta: ¿Es más difícil para el padre o la madre sin pareja hablarles a los hijos sobre el sexo?

Respuesta: Sí y no. Puede ser más difícil en el sentido de que se está solo, sin un cónyuge que le preste apoyo o participe en la discusión o le ayude a resolver cómo enfocarla, pero el objetivo y los principios son los mismos. En cierto sentido, es más fácil por estar haciéndolo solo. Usted controla la situación y está en posibilidad de ser consecuente en lo que dice y en cómo y cuándo lo dice. Muchos padres y madres que están solos, justamente por estarlo, toman más en serio su responsabilidad y de hecho hacen un trabajo mejor.

(Aunque el plural *padres* se utiliza con frecuencia en el libro, pueden estar seguros de que todo su contenido es igualmente aplicable y está igualmente dirigido a los padres y madres sin pareja).

Pregunta: ¿Cuál es la más importante entre las cosas que se deben hacer al hablarles a los niños de sexo?

Respuesta: Lo más importante es que se trate como un tema positivo, emocionante y alegre, y asociarlo al matrimonio, a la familia, al amor y al compromiso de una manera clara y positiva.

Pregunta: ¿Es la edad de ocho años realmente el momento apropiado para la "gran charla"? Algunos dirían que es demasiado pronto y otros que es demasiado tarde.

Respuesta: Es importante sostener la conversación principal (y las conversaciones previas y posteriores) con suficiente antelación, de manera que ellas formen las actitudes iniciales de los niños frente al sexo y sirvan para desviar la corriente de tonterías, suciedades y disparates dirigidas hacia ellos por los amigos, compañeros y medios de comunicación. Pero sostenerla demasiado pronto pone sobre el tapete asuntos para los cuales los niños no están preparados aún.

Pregunta: ¿El objetivo es proteger a mis hijos haciéndolos conscientes de los peligros emocionales y físicos de la sexualidad?

Respuesta: Sí y no. Necesitamos proteger a nuestros hijos, pero es la conciencia del hermoso poder y del compromiso positivo implícito en la sexualidad bien manejada lo que les da a los niños la mejor motivación y capacidad para evitar lo que podría hacerles daño a ellos y a los demás.

Pregunta: Como padres, ¿es inusitado que queramos que nuestros hijos tengan una actitud frente al sexo más cautelosa y más conservadora de la que nosotros tuvimos? ¿Somos hipócritas por tratar de enseñarles a nuestros hijos a abstenerse, si nosotros no lo hicimos?

Respuesta: Es muy común que los padres aspiren a que sus hijos esperen hasta tener un compromiso verdadero (por cuestión de seguridad física y emocional, convicciones morales, esperanza de un mejor matrimonio y otra cantidad de razones). Las opiniones de la mayoría de los padres son sorprendentemente conservadoras cuando se trata de lo que desean para sus hijos y de lo que piensan que más les conviene. Y no es una postura hipócrita enseñar lo que no siempre se practicó, especialmente si uno de verdad piensa que eso es lo mejor en la época actual. ¡Ser buenos padres significa querer algo mejor para nuestros hijos!

Pregunta: Pero ¿sí es realista aspirar (y trabajar en pro de ello) a que los hijos tengan menos actividad sexual antes de comprometerse o casarse?

Respuesta: Los hechos indican que lo es. Un número cada vez mayor de pensadores respetados está llegando a la conclusión de que "aplazar la satisfacción" es lo más inteligente y seguro. Ahora muchos muchachos y muchachas en edades en que, cinco años atrás, no querían admitir que eran vírgenes, se sienten orgullosos de serlo.

Pero la abrumadora realidad es que los padres deben decidir cuál es el mejor camino para sus hijos y dar pasos concretos y positivos para mejorar la oportunidad que tienen sus hijos de seguir ese camino.

Pregunta: Pero ¿acaso podemos nosotros decidir qué es lo mejor para nuestros hijos, o tienen ellos el derecho a primero crecer y después decidir por sí mismos qué es lo mejor para ellos?

Respuesta: Permítannos repetir la metáfora de nuestro libro *Teaching Your Children Values* (Cómo enseñarles valores a los hijos): "Esperar a que un niñito descubra lo que le conviene es como ponerlo en una pequeña canoa, en la corriente, sin remo, a navegar hacia las cataratas del Niágara". Claro que a la postre el niño decidirá por sí mismo, pero no enseñarle lo que nuestra experiencia y nuestro corazón nos dictan que es lo mejor constituye la forma más grave de abdicación paterna y materna de la responsabilidad.

Pregunta: Pero ¿qué pasa si no estamos seguros de qué es lo mejor?

Respuesta: Una de las funciones más exigentes (y más benéficas) de ser padres es resolver en qué creemos para poderles enseñar con honestidad esas creencias a nuestros hijos. Nadie puede hacerlo por ustedes, pero este libro les puede ayudar.

Pregunta: ¿Hasta qué punto influye en nuestros hijos la manera como los medios de comunicación representan todo lo atinente al sexo? ¿Nos hace igual daño la representación en los medios de las relaciones sexuales ocasionales irresponsables o indiferentes que la representación, también en los medios, de la violencia ocasional, irresponsable o indiferente?

Respuesta: El sexo en los medios de comunicación representa, de hecho, un peligro mayor que la violencia en los medios de comunicación. Un pequeño porcentaje de chicos imita o recrea la violencia que ve, pero incontables miles de chicos imitan las relaciones sexuales irresponsables, carentes de compromiso y ocasionales que ven prácticamente cada vez que encienden el televisor o van al cine. Quizá si los niños llevaran ametralladoras Uzi consigo a todas partes imitarían más la violencia que ven. Lo que sí llevan consigo es su sexualidad, y el potencial de imitación es verdaderamente aterrador. Los costos sociales directamente relacionados con los embarazos de las adolescentes, el aborto, la enfermedad y la depresión a que conducen, convierten la actividad sexual de los adolescentes en el problema social más grande que encaran hoy en día los Estados Unidos y hacen de los medios de comunicación enormes culpables, por representar la sexualidad de manera irresponsable.

Pregunta: ¿Qué pasa si mi hijo ya es activo sexualmente?

Respuesta: *¡No se dé por vencido!* Nunca es demasiado tarde para hablar con su hijo más franca y positivamente sobre el sexo. *¡No se dé por vencido!* Si usted cree que esperar al verdadero amor y al compromiso es lo mejor, es lo correcto, entonces no claudique ante el *status quo.* Existe en los Estados Unidos y en muchos otros países todo un movimiento dirigido a "recobrar la virginidad", a tomar la decisión de esperar hasta el matrimonio. ¡No desfallezca!

No se canse de intentarlo. No abdique jamás de esa parte de su responsabilidad paterna o materna. Adapte las conversaciones que este libro sugiere. Utilice en especial la sección intitulada "Cómo empezar de nuevo". Mantenga una actitud positiva. Hágale saber a su hijo que lo ama incondicionalmente, pero que está preocupado por lo que está haciendo. Sea concreto. Ayúdele a esclarecer el problema.

Preguntas de resumen

Las preguntas más simples y breves proporcionan la mejor visión panorámica:

P. ¿Quién?   R. ¡Ustedes! Ustedes, como padres, deben asumir el liderazgo y marcar la pauta a las ideas que sus hijos han de tener sobre la sexualidad. La influencia de ustedes puede superar la de los medios de comunicación, los compañeros y la escuela.

P. ¿Qué?   R. No solamente los "abecés" fisiológicos sino la importancia emocional y espiritual del amor sexual comprometido. Ustedes pueden enseñarles *todo* a sus hijos.

P. ¿Qué?   (¿Qué pasa si ustedes no se sienten muy seguros de sus conocimientos respecto al tema?) R. ¡Quiere decir que han comprado el libro indicado!

P. ¿Dónde?   R. En su propia casa y en el ambiente familiar. Ése es el lugar para la intimidad y el compromiso en materia de sexualidad, y para llevar a cabo las conversaciones sobre el tema.

P. ¿Cuándo? R. Los niños de ocho años son los más francos, naturales, curiosos, positivos, influenciables y apreciativos de lo que se les enseña, al mismo tiempo que tienen menos malicia y vergüenza. Ése es el mejor momento para la gran charla, pero recuerde que el objetivo no es una conversación sino el proseguimiento de la apertura y el diálogo permanentes con los hijos ¡que empieza desde los tres años y continúa a lo largo de la vida!

P. ¿Cómo? R. Ésa es la cuestión a la cual está dedicada la primera mitad de este libro: cómo plantear el tema; cómo tratarlo de manera positiva y concienzuda; cómo hacerle seguimiento; cómo crear y mantener una actitud veraz y sincera; cómo tratar más detenidamente los temas relacionados con la intimidad, el matrimonio y la familia.

P. ¿Por qué? R. Más allá de las razones obvias de proteger, dar seguridad y predisponer a la felicidad matrimonial, éste es un aspecto en el que, cuando se maneja bien, se pueden lograr dos cosas profundamente importantes para las familias:

1. *Mantener abierta la comunicación.* Los padres e hijos que tienen éxito en comunicarse sobre éste, el más íntimo de los temas, encuentran que las barreras desaparecen ante otros temas.

2. *Fomentar el aplazamiento de la satisfacción.* Los muchachos que aprenden el principio de *esperar* y *reservarse* en lo referente a la sexualidad, están en mejor situación para evitar la búsqueda de la

satisfacción instantánea, que es galopante en nuestra sociedad y que resulta tan destructiva social y económicamente.

CONSEJOS PERSONALES PARA LOS PADRES

Sentido del momento, contenido y técnicas: el cuándo, el qué y el cómo.

Antes de presentarles los esquemas de diálogos y discusiones para que ustedes los adapten a los casos de sus hijos, nos gustaría hacer algunos comentarios y sugerencias personales que pueden ser de ayuda. Recuerden que cada uno de nuestros hijos y cada uno de los suyos es diferente y que cada familia es única. Todo lo que presentamos acá puede ser modificado y adaptado para que se ajuste a lo que ustedes conocen de las necesidades y características de sus hijos. Confíen en sus propios instintos y percepciones y disfruten de estos esfuerzos por comunicarse con sus hijos acerca de un tema ¡tan íntimo y hermoso que puede "abrir el camino" a una mejor comunicación acerca de todos los temas!

Sentido del momento

El sentido del momento es cuestión de equilibrio: no decirles a los hijos demasiado, demasiado pronto, antes de que estén interesados o listos para comprender, pero no esperar hasta cuando sepan demasiado de fuentes negativas, incompletas o equivocadas. Pensamos que el nivel máximo de la buena disposición de un niño se da a los ocho años, cuando ya ha adquirido la suficiente capacidad verbal y conceptual y se siente halagado por la responsabilidad y por el hecho de que se le trate como a una "persona grande". Esta edad es como una ventana abierta hacia lo maravilloso. Los niños son lo suficientemente mayores para entender pero no para ser maliciosos. Son lo suficientemente mayores para sentir verdadero interés y fascinación, pero no tan mayores para sentirse avergonzados, o herméticos, o para tener muchas ideas preconcebidas. Antes de la gran charla, ustedes deberían sostener con ellos algunas conversaciones preliminares, a fin de preparar el camino. Y, para después de la gran charla, hay una serie de temas relacionados entre sí que deben ser discutidos más pormenorizadamente. Después, cuando sus hijos entren en la adolescencia y empiecen a experimentarla, el enfoque cambiará de los hechos al comportamiento, de saber lo que deben hacer a hacer lo que deben, y hacia comportarse con moderación y responsabilidad.

(Si su hijo tiene entre ocho y doce años, la "gran charla" que sugerimos puede funcionar todavía y es apropiada pero deberá ser modificada para que no parezca que le están hablando de manera "paternalista" y para hacer concesiones al hijo que ya sabe más y que probablemente tendrá más preguntas).

Diálogos y discusiones

A lo largo de los años, en nuestras conferencias y seminarios para padres sobre cómo hablarles a sus hijos sobre la sexualidad, hemos probado una serie de enfoques. Hemos sido teóricos: "He aquí por qué es importante, y he aquí los principios que deberían seguir". Hemos sugerido que se sienten a la mesa con sus hijos y les pregunten qué dudas tienen. Hemos tratado de proporcionarles secuencias o esquemas sobre qué decir. Pero el método más útil y más apreciado parece ser el de los diálogos propiamente dichos. Para la mayoría de los padres esto hace que la tarea en cuestión sea accesible, ejecutable, práctica y real. Es posible que ni los padres ni los hijos se ciñan estrictamente a los diálogos (y, ciertamente, los niños no darán siempre las respuestas esperadas o anheladas) pero un diálogo real es un carril por el cual andar. Ese mecanismo asegura que se cubran todos los puntos críticos y les da a los padres la confianza de saber que no están solos y que no están probando algo nuevo. Estos diálogos han sido puestos a prueba, comprobados, ensayados y ajustados... ¡y funcionan!

Proporcionamos un modelo o muestra de diálogo no solamente para la gran charla de los ocho años sino para muchas de las conversaciones "de antes" (de preparación) y las "de después" (las de seguimiento). Hemos escogido arbitrariamente el nombre de un niño para usarlo en cada diálogo. Bien sea el nombre de niño o de niña, pueden estar seguros de que el diálogo funciona igualmente bien para niños de uno u otro sexo, aunque algunas veces una leve y obvia modificación puede ser necesaria. En cuanto a las charlas posteriores con adolescentes, hemos proporcionado menos diálogos de muestra y más "puntos de debate" y esquemas inductores del pensamiento, que pueden ser leídos y después discutidos.

Tanto con los diálogos como con las discusiones, siéntanse

libres de utilizar abiertamente el libro con su hijo. No hay problema en leer directamente pasajes del libro, si eso es más cómodo que utilizar las propias palabras. Y no hay ningún problema con permitirle al niño leer cualquier parte del libro, si así lo desea, aunque esa lectura nunca debe reemplazar las charlas.

Establezca un tono de franqueza sobre el tema de la sexualidad en general y sobre este libro en particular. Si decide leerle partes de los diálogos o discusiones, preséntele el libro al niño: "He encontrado un libro que muchos padres e hijos utilizan para ayudarles a hablar sobre el sexo y para entenderlo. A veces, cuando estemos hablando de sexo, vamos a leerte partes del libro o vamos a hacerte preguntas que aparecen en él".

Audacia

Al leer los diálogos y discusiones que aparecen a continuación, quizá reaccione usted diciendo: "No soy capaz de abordar el asunto así no más con mis hijos"; o: "Ella ni siquiera me va a escuchar sobre algo así", o: "Va a ser incómodo", o: "Yo creo que nosotros no estamos preparados para algo tan directo".

Con frecuencia, somos demasiado tímidos como padres, y nuestra falta de arrojo disminuye nuestra autoridad y nuestra eficiencia, porque los niños no nos respetarán igual ni nos escucharán tan atentamente. Recuerden que ustedes son los padres y que tienen en sus manos el cuidado y la conducción de sus hijos y que ellos están bajo su responsabilidad. Que ustedes saben más que ellos acerca de la mayoría de las cosas. Que los quieren. Que aspiran a que tomen las decisiones correctas, especialmente cuando se trata de opciones difíciles.

Las discusiones que aparecen a continuación son, entre otras cosas, una manera para que ustedes mejoren su nivel de audacia. El resultado final de un esfuerzo comprometido para llevar a cabo estos diálogos será un mayor respeto por parte de sus hijos y una comunicación mucho más profunda en éste y otros temas. Si en el pasado les ha faltado a ustedes determinación, es posible que sus primeros esfuerzos sean rechazados con el silencio, o con un "No quiero hablar de eso". Pero persistan. Actúen con autoridad. Díganles a sus hijos que la razón que los impulsa es el amor; que los quieren tanto, que harán todo lo que esté a su alcance para ayudarles a saber lo que necesitan para tomar decisiones apropiadas y ser felices.

Sean audaces, sean persistentes, sean amorosos. Denles a estos diálogos carácter prioritario. Ello dará frutos.

Cómo obtener las respuestas apropiadas

En los diálogos, las respuestas del niño están entre paréntesis, a continuación de la pregunta de los padres. Con frecuencia, simplemente dirá: "(Respuesta)", porque el diálogo procede independientemente de lo que conteste el niño. Cuando se requiere una clase particular de respuesta, se incluye una de muestra. Estos ejemplos son respuestas comunes que dieron niños reales cuando estábamos planeando los diálogos. Obviamente, su hijo no dirá exactamente lo mismo, pero ustedes podrán dirigirlo hacia respuestas similares mediante la estrategia de darle pistas o de hacerle "preguntas subordinadas".

Por ejemplo cuando le preguntan: "¿Cómo le demuestras a alguien tu amor?" y su hijo simplemente se encoge de hombros, formulen una pregunta subordinada por el estilo de: "Bueno, ¿cómo te demuestro yo que te quiero?", o: "¿Cómo le demuestras a la abuelita que la quieres?", hasta cuando logren obtener alguna variación de la respuesta deseada: "Decírselo, hacer cosas por ella, darle un beso o un abrazo".

O cuando le pregunten: "¿Qué clase de personas serían los mejores padres?", posiblemente su hijo conteste: "No sé". Entonces pueden decirle: "Bueno, ¿sería importante el amor?". Su hijo contestará que sí. Ustedes dirán: "¿Sería importante poder cuidar bien al hijo?" Su hijo contestará que sí. Ustedes dirán: "Así que para ser buena mamá o buen papá uno tendría que ser lo suficientemente mayor para... ¿qué?" "Querer un bebé y cuidarlo", es la respuesta. Allí donde sea más probable que los niños necesiten ayuda, la prueba dirá ["ayuda y pistas"] en la respuesta de muestra.

En sintonía con sus pasos y su capacidad de atención

No se sientan comprometidos con los diálogos impresos hasta tal punto que dejen pasar oportunidades de aprovechar preguntas o desvíos hacia los cuales su hijo los esté dirigiendo. Recuerden que *escuchar* y estar *conscientes* les proporcionará con frecuencia una manera natural de entrar en un tema en particular. E incluso mientras se está realizando un diálogo o discusión sobre un asunto específico, una pregunta o un comentario los puede llevar a otro tema.

Es conveniente leer *todos* los diálogos una vez antes de utilizarlos, para conocer lo que dicen y su ubicación en el libro, y poder así pasar de uno a otro en la medida en que la oportunidad se presente.

Pero no esperen preguntas en todos los casos. Recuerden el objetivo "preventivo" y háganle caso a su instinto para reconocer el momento indicado.

Tengan también un sentido de respeto por la capacidad de atención de su hijo. En general, el método a través de "diálogos" la alarga, mientras que el estilo "conferencia" la acorta. De todos modos, cuando sientan que el interés y la atención están declinando, dejen la conversación en el punto en que está y guarden el resto para otro día.

Cómo mantenerse positivo y reforzar la confianza

La mejor manera de hacer que una conversación se prolongue, de mantener altos los niveles de interés y energía, y de convertir el diálogo en una experiencia positiva para su hijo, es elogiarlo abundantemente por cada respuesta buena o bien intencionada.

Los diálogos utilizan con frecuencia palabras como "exactamente" y "buena respuesta". Amplíen éstas según lo que diga el niño: "Lo sabías. Sencillamente me quedo maravillado de ver lo reflexivo que eres sobre estas cosas", o "Me encanta hablar contigo sobre esto; es como hablar con otro adulto", o "¡Qué buena respuesta! ¡Creo que realmente lo estás entendiendo!"

1

Charlas preliminares "según la necesidad" con niños entre los tres y los ocho años

———————◆———————

Esta sección presenta esquemas de conversaciones que se pueden sostener, en preparación para la "gran charla", con niños en edad preescolar y de los primeros grados de primaria. Los diálogos propuestos tratan del cuerpo humano; de la maravilla y grandiosidad de la naturaleza y el mundo físico; del compromiso familiar, la lealtad y el amor, y del pudor basado en el respeto. Se ofrecen instrucciones e ideas sobre cómo responder las preguntas simples de los niños más pequeños sin ir más allá de las preguntas.

Cómo responder preguntas
sin ir más allá de ellas

Una madre nos relató una anécdota graciosa (pero apta para hacernos caer en la cuenta de algo). Su hijo de cinco años se le acercó una noche en casa y le dijo: "Mamá, ¿de dónde vengo?" Pensó en tratar de esquivar la pregunta de alguna manera, pero no tenía ninguna excusa a la mano. Estaban solos en casa esa noche, y a ella le pareció que si su hijo preguntaba, lo mejor que podía hacer era armarse de valor para contarle.

Se sentaron en la sala y la madre abordó el tema, no muy fluidamente y sintiéndose un poco incómoda, pero dando lo mejor de sí. Los ojos del niño se abrían más y más mientras escuchaba sin decir palabra, tan sólo asintiendo ligeramente con la cabeza cuando su madre preguntaba: "¿Entiendes eso?", y sacudiendo lentamente la cabeza cuando su madre le preguntaba: "¿Sabías eso?" Al terminar, la madre preguntó: "¿Crees que tu pregunta ha quedado contestada?"

El pequeño se removió en su silla y dijo: "Pues... lo que quería preguntarte... tú sabes... es de dónde vinimos cuando nos mudamos aquí el año pasado. Se me olvidó el nombre del lugar donde vivíamos antes".

Aunque en general no se llega a términos tan extremos como en esta historia, es fácil excederse en lo que se dice a los niños pequeños. La mejor política, hasta que tengan siete u ocho años, es simplemente contestar a sus preguntas —a sus preguntas reales— con respuestas sencillas, dejando siempre para después los detalles y aprovechando el intercambio para preparar positivamente el terreno para el momento en que tengan ocho años.

Así que si un niño de cinco años pregunta: "¿De dónde vienen los bebés?", contéstenle: "A veces un papá y una mamá se quieren y eso ayuda a hacer un bebé". Si insiste: "Pero, ¿cómo?", díganle: "Es como un milagro, como una magia maravillosa e increíble. Cuando tengas ocho años te lo contaremos".

Si ustedes se apoyan en una creencia religiosa, una respuesta todavía mejor puede ser: "Los bebés son un regalo de nuestro Padre celestial. Él los pone en medio de nuestras familias". Si persiste y pregunta: "Pero ¿cómo?", díganle: "Bueno, sucede de una manera verdaderamente maravillosa e impresionante. Cuando cumplas ocho años te contaremos todo sobre cómo sucede".

Seguidamente cambien de tema, a menos que noten que el niño está incómodo o preocupado o que ha oído algo que lo esté llevando a insistir. Si éste es el caso, investiguen. Averigüen qué es lo que ha oído o qué ha sucedido. Si se trata simplemente de un término o palabra que ha oído y que no entiende, proporciónenle la mejor explicación y díganle: "Ésa es una de las cosas de las cuales hablaremos cuando tengas ocho años". Si ha oído un chiste o un cuento obsceno, pueden decirle: "Algunas personas hacen chistes o dicen cosas extrañas sobre asuntos que no entienden. Pero no te preocupes: cuando tengas ocho años te lo contaremos todo. ¡Y puedes estar seguro de que se trata de algo maravilloso y verdaderamente espectacular!"

Aprecio por el cuerpo

Una actitud sexual sana se inicia con la manera como un niño se siente en relación con su cuerpo. A una edad muy temprana, los niños toman conciencia de su cuerpo y de lo que pueden hacer con él. En efecto, hay estudios que muestran que más del 80 por ciento de lo que sabemos sobre el cuerpo lo aprendimos en los primeros dieciocho meses de vida. Nos damos cuenta de esto cuando observamos a nuestro nieto de cuatro meses en el proceso de entender que ese aditamento al final de su brazo puede ser utilizado para mover lo que tiene delante de sí, o que puede acceder a una panorámica diferente si le da la vuelta a todo el cuerpo. Los bebés aprenden más sobre cómo manejar su cuerpo durante ese corto período que durante el resto de la vida.

A medida que los niños crecen, conservan con frecuencia su espontáneo deleite infantil en lo que sucede a su alrededor, pero sin nuestra ayuda no entenderán del todo el maravilloso milagro que es su cuerpo. Dan por sentado el hecho de poder ver el rostro de su madre y oír los automóviles que pasan mientras desmenuzan un pedazo de pan sentados en el auto, en su silla para bebés.

En el proceso de observar a miles de niños que pasaron por nuestras Joy Schools "escuelas de alegría" (una serie de lecciones estilo "enséñelo usted mismo", diseñadas para niños de tres, cuatro y cinco años), especialmente la unidad llamada "La alegría del cuerpo", hemos visto cómo los niños mayores del grupo de preescolares se maravillaban y sorprendían con su cuerpo. Este programa preescolar, basado en el texto *Teaching Your Children Joy* (Cómo enseñarles alegría a sus hijos), es una alternativa a los impositivos métodos académicos destinados a los primeros años. Allí se incluyen cientos de sugerencias creativas para ayudarles a los niños a apreciar lo maravilloso que es su cuerpo, desde hacer que bailen en medio de las hojas al compás de música clásica hasta amarrarles unos minutos los dedos pulgares a los otros dedos para ayudarles a apreciar cuán valiosos son los pulgares. Los niños se deleitan en esa apreciación de todo lo que su cuerpo es capaz de hacer.

A medida que los niños crecen, su actitud básica hacia el cuerpo y el funcionamiento de éste se convierte, en la edad adulta, en una parte de su referencia hacia su manera de sentirse al utilizar el cuerpo para demostrar amor y para sentir la alegría de una relación física y sexual. Aprender cómo el cuerpo puede concebir y producir un hijo encaja entonces dentro de su visión de la naturaleza milagrosa y llena de dicha de su cuerpo.

Al tratar con niños pequeños, debe aprovecharse cada oportunidad que se presente para hacer hincapié en cuán afortunados somos de poder observar la belleza del paisaje, de escuchar música creativa e inspirada, de probar diferentes combinaciones de comida (algunos de nuestros hijos no lo llamarían exactamente una dicha), de tocar la mejilla de un bebé, o la suave piel del gato, y especialmente de poder sentir el amor que les profesamos a los demás miembros de la familia. La lista de cosas para señalar y para agradecer es interminable. Cuanto más un niño en edad preescolar pueda apreciar su cuerpo, mejores bases tendrá para mirar de manera positiva el máximo de los milagros físicos.

Admiración y maravilla por la naturaleza

Yo, Linda, pienso que nuestro aprecio por la naturaleza tuvo su punto más alto durante nuestro primer año de estudios de posgrado en Boston. Yo trabajaba durante largas y pesadas horas y regresaba a casa con apenas la suficiente energía para hacer la comida, preparar las lecciones del día siguiente y echarme en la cama al lado de Richard, quien trabajaba día y noche en sus deberes para la Business School de Harvard, en donde se esforzaba por graduarse. Recién casados y con un hijo recién nacido, éramos penosamente pobres, y la única forma de recreación que podíamos costearnos era observar la naturaleza. Nos sentábamos a orillas del río Charles y observábamos a los equipos de remeros golpeando al unísono un agua tan tranquila que parecía como si navegaran sobre gelatina sin cuajar. En octubre apreciábamos el complejo arte de la naturaleza en el proceso de crear un cuento de hadas con colores otoñales. Fue entonces cuando pactamos hacerles ver a nuestros hijos la grandiosidad y maravilla de la naturaleza y enseñarles a apreciar cómo un Dios de amor había hecho que las cosas trabajaran en armonía para nuestro disfrute. A lo largo de los años nos esforzamos conscientemente por mostrarles a nuestros hijos la belleza siempre cambiante del mundo natural. Más tarde nos dimos cuenta de que nuestro énfasis en la naturaleza y en su hermosura hacían que fuera más fácil y natural hablarles sobre el milagro de las funciones de su cuerpo.

El aprecio y el amor por las milagrosas creaciones de la tierra tienen todo que ver con el trabajo de base que se necesita para sostener una primera conversación exitosa con sus hijos sobre lo más maravilloso, asombroso y poderoso: el proceso de traer un niño al mundo. Busquen la oportunidad de sostener con frecuencia charlas breves como la siguiente:

DIÁLOGO

—¡Mira, Tomás¡ ¡Ven al balcón a ver este atardecer tan increíble!

—*Estoy en medio de un juego de computador.*

—¡Adivina qué, Tomás! ¡La gran sorpresa que la naturaleza nos trae en este mismo instante es más fantástica que cualquier cosa que vayas a ver en el computador en toda tu vida! Necesito un amigo con quién disfrutarlo. ¡Eres tan bueno para notar los colores y las cosas hermosas en la naturaleza! ¡Quiero que vengas y me digas qué ves! Dentro de unos minutos el juego todavía estará allí, pero este atardecer sólo ocurrirá una vez. ¡Vamos!

O:

—Oye, Juana. ¿Notaste algo diferente en nuestro jardín?

—*No.*

—Pues mira: el cedro está empezando a reverdecer y le están saliendo pequeños retoños. Es bellísimo. Cuando salgas hoy, mira a ver qué otra cosa notas y cuéntamelo cuando regrese del trabajo, ¿de acuerdo?

Su entusiasmo y su actitud positiva harán que se agudice la capacidad perceptiva de su hijo. A medida que usted vive con sus hijos diferentes aspectos de la naturaleza, cuando salga a pasear a pie o en bicicleta, vaya a acampadas y excursiones, aproveche las oportunidades para indicarle la belleza que usted ve en los colores, los contrastes, las sombras y las texturas. Sus observaciones llamarán la atención sobre los aspectos de la naturaleza y los estimularán a pensar en su propio placer mientras admiran el paisaje. A la edad de siete años, usted puede valerse de las observaciones sobre la naturaleza para preparar el terreno para la gran charla. Por ejemplo:

—Juana, cuando sostengamos nuestra gran charla de tus ocho años, vamos a contarte sobre algo que tiene que ver con la naturaleza. Pero es algo todavía más maravilloso que las cosas hermosas que siempre observas en los árboles, las piedras, las plantas y los animales. ¿Te das cuenta de que todo en la naturaleza es único? No hay dos hojas iguales, ni siquiera dos árboles iguales. Cada flor es diferente de la otra. Tampoco hay dos personas iguales, y eso es parte de lo que hablaremos cuando tengas ocho años. ¡La naturaleza es verdaderamente espectacular!

Los compromisos familiares, la lealtad y el amor

Es indiscutible el hecho de que es más fácil enseñarles a los niños acerca del compromiso familiar, la lealtad y el amor si uno creció con estas virtudes en su infancia y uno las vive con su cónyuge en la actualidad. Probablemente quienes crecieron con estas idílicas cualidades son los que más se las enseñarán a sus hijos con naturalidad y facilidad.

En cambio, a aquéllos que han sido golpeados por la tragedia de una relación extraconyugal de uno de sus padres, o que alguno de ellos no haya estado a la altura del compromiso, o, aún más duro, que no haya demostrado amor, puede resultarles más difícil enseñar estos conceptos. Sin embargo, son con frecuencia estos padres los que realizan un trabajo más concienzudo con sus hijos, pues están animados por el ferviente deseo de que sus hijos no pasen por una experiencia similar.

Recientemente yo (Linda) participé en una velada con unos amigos que se habían casado hacía poco tiempo y estaban tratando de integrar una nueva familia. Mientras le hacía preguntas a esta pareja vital y feliz, descubrí que el marido había sido un atleta olímpico en el pasado reciente. Conociendo los requisitos de autodisciplina, trabajo arduo y dedicación que requiere ser atleta de talla olímpica, dije:

— ¡Tus padres deben de estar orgullosos de ti!

—Realmente no me relaciono mucho con mis padres —dijo–. Son muy reservados en todo. Si estaban orgullosos de mí, nunca me lo dijeron. En consecuencia, mi familia se ha visto algo fraccionada. Simplemente, no nos comunicamos mucho.

Quedé anonadada por su comentario, pero él pasó directamente a hablar de su hijo de ocho años y del hijo de siete de su esposa, y de cuánto estaban disfrutando los dos niños del hecho de haberse convertido "de repente en hermanos". Este hombre, evidentemente, estaba haciendo un decidido esfuerzo para proporcionarle a su nueva familia el compromiso, el amor y la lealtad que habían estado ausentes de su propia infancia.

¿Qué tienen que ver el compromiso, el amor y la lealtad con hablarles a sus hijos de sexo? ¡Todo! Bien sea que usted esté leyendo esto como cónyuge y padre leal, comprometido y amoroso, que tuvo la suerte de crecer en una familia unida, o bien sea como padre o madre que están solos en la crianza de los hijos, y que no han tenido un modelo para estas cualidades ni ahora ni en la infancia, usted puede hablarles a los hijos sobre ellas. Si su modelo es algo que usted ha vivido o algo que ha deseado vivir, puede compartir estos sentimientos con sus hijos. Si siempre ha estado rodeado de amor, lealtad y compromiso, dígaselo a su hijo. Comparta algunas de las experiencias de infancia que pueda recordar acerca de cómo sus padres se demostraban mutuamente su amor, y manifieste cuánto quiere usted a su padre, a su madre, a su cónyuge. Complméntelo con relatos de lealtad familiar, como cuando animaba a un hermano durante una competición deportiva en la que participaba, aunque hubiera estado un poco celoso de que el otro estuviera recibiendo toda la atención; como cuando su papá llegó puntualmente a la fiesta de cumpleaños de usted aunque le fuera difícil estar a tiempo; como el amor que usted sintió que le prodigaban sus padres cuando lo arropaban en la cama o lo felicitaban por un trabajo bien hecho. A los niños les encanta oír historias de ustedes como hijos y de los abuelos como padres.

Si usted creció en circunstancias difíciles o ha sido herido por una infidelidad o deslealtad familiar, cuénteles a sus hijos un poco de esas experiencias y asegúreles que usted está decidido a no permitir que esto suceda en su propia familia. A la hora de acostarse, o en algún otro momento indicado, diga algo como: "Creo que una de las cosas más importantes para la familia es saber que nos queremos. Yo siempre los voy a querer, y ustedes siempre serán lo más importante en mi vida. No importa cuán difícil sea la vida fuera de estas cuatro paredes, tienen que saber que nuestra familia siempre estará aquí para ustedes. En mi caso, no siempre fue así". Comparta con ellos la experiencia de alguna decepción que usted haya tenido en la infancia y dígales que ahora, cuando es adulto lo entiende un poco mejor y está tratando de perdonar a la persona que lo hizo sentir triste. A su hijo le calará la idea de que, aunque usted haya experimentado dolor causado por la falta de compromiso, lealtad o amor en su familia, usted quiere algo mucho mejor para él.

Bien sea que usted provenga de una familia feliz que quiera imitar o de una familia problemática a la cual quiera superar, puede utilizar sus propias experiencias como telón de fondo para el amor y la tranquilidad que les da a sus hijos. Al hacerlo, estará construyendo una base sólida para las futuras conversaciones sobre sexualidad, porque sus hijos entenderán cuán importante es para usted una relación sólida y comprometida. No dé por sentado que su hijo sabe que usted está totalmente comprometido con su familia y con él particularmente. ¡Dígaselo!

Los niños deberían oír estas palabras: "Te amo. Estoy muy orgulloso de que hayas decidido hacer lo debido, aunque sea difícil. Nuestra familia es nuestra primera prioridad. ¡No importa cuán difícil y exigente sea la tarea, mi corazón está contigo!" ¡Uno no tiene oportunidad de decir estas cosas con mucha frecuencia!

El recato en el vestido
y en la presentación personal

El recato es una especie de palabra anticuada. Ya no se usa mucho
y pertenece a la misma categoría de la castidad: algo sacado directamente de una novela de Charlotte Brontë. Ni siquiera forma parte
del vocabulario de un preadolescente moderno, ¿verdad? Ciertamente,
eso de que la palabra no figura en el vocabulario del preadolescente
es exacto. Y en nuestras conversaciones con nuestras hijas jóvenes, la
pregunta "¿Qué piensas del recato?", no ocupa el mismo lugar de
"¿Tienes el cuarto ordenado?" y "¿Ya hiciste los deberes?" Sin embargo, los padres deben sentirse preocupados si su hija sale a la calle
vestida de una manera que deja poco a la imaginación o con una
nueva perforación en alguna parte del cuerpo.

Reitero una vez más que es decisivo saber elegir el momento
adecuado. El momento para hablarle a su hija sobre el cuidado de
su cuerpo, las implicaciones y significados de lo que lleva puesto y
el tratar a su cuerpo con respeto, no debe ser el momento en que
llegue a casa con un tatuaje nuevo en el hombro. Empiece cuando
su hija esté en edad preescolar, en el jardín de infantes o en primero
de primaria. Sostener con los niños, desde chiquitos, conversaciones
sobre el recato, puede orientar su pensamiento sobre la ropa que
escogerán y cómo tratarán a su cuerpo a medida que maduran.
Incluso si los amigos tratan, a veces con éxito, de influir sobre las
decisiones de sus hijos en cuanto a ropa y conducta, sus conversaciones preliminares son la mejor ancla a medida que sus hijos establecen metas normativas y toman decisiones en cuanto a su escala
de valores.

DIÁLOGO

—Camila, te ves increíblemente bien hoy. ¡Estás creciendo! Antes de que nos demos cuenta, serás una jovencita. ¿Te ilusiona ese momento?

[Respuesta]

—¿Cómo crees que serás cuando seas ya una mujercita?

—*No sé.*

—¿Qué clase de adolescente quieres ser?

[Ayuda y pistas]: —Quiero ser feliz, que me vaya bien en el colegio, y todo eso.

—Si pudieras ser como alguna adolescente que conoces, ¿cómo quién querrías ser?

[Respuesta. Esperemos que su hija escoja alguien que tenga características admirables de personalidad. Puede que también escoja lo opuesto. En cualquier caso, explore la respuesta. Pregúntele qué le gusta de esa persona. Si no se le ocurre nadie, sugiérale una hermana o una prima o una vecina que usted piensa que tal vez ella admire y hablen sobre lo que a las dos les gusta de esa persona.]

—Ser adolescente implica muchas cosas emocionantes, pero también conlleva algunos peligros, así que hay que pensar un poco en esa época. En este mundo hay algunos adolescentes muy alocados.

La mayoría de ellos tratan de pronunciarse sobre su forma de concebir el mundo. Lo demuestran en la manera de vestirse y en la manera de actuar. Algunos muchachos, apenas un poco mayores que tú, se ponen cosas que son un poco extrañas, ¿no crees?

[Respuesta]

—Has sido dotada de un cuerpo muy especial. Hace por ti cosas maravillosas y debes cuidarlo bien. A veces las muchachas se olvidan de lo importante que es utilizar el cuerpo sabiamente y cuidarlo bien. Ven cosas en la televisión y en las películas que les hacen pensar que lo más importante en el mundo es verse hermosas o como adultas. Empiezan a pensar que una buena manera de conseguir novio es ponerse ropa corta y ceñida y mostrar el cuerpo. Piensan que la única manera de que la gente crea que están en la onda es exhibir un buen cuerpo. Muchas de ellas piensan que están gordas, aunque no lo estén en absoluto, y empiezan a hacerle locuras al cuerpo para verse como creen que los demás desean verlas. Eso es como triste, ¿verdad?

[Respuesta]

—Camila, porque te amo tanto, no quiero que tengas que preocuparte de algunas de las cosas tristes que suceden en la vida si uno no cuida su cuerpo. Algunas niñas piensan que para verse hermosas deben ponerse faldas muy cortas y ropa muy ceñida y que se verán todavía más hermosas si se perforan las orejas o la nariz u otras partes del cuerpo y se ponen aros ahí. Algunas piensan que un tatuaje las hará ver más bellas. Otras piensan que ponerse mucho maquillaje las hará verse fenomenales o hará que los chicos las inviten mucho a salir. ¿Tú qué opinas? ¿Crees que quieres tener amigos a los que les guste tu apariencia, lo que llevas puesto o cómo te ves, o crees que te gustaría tener amigos a quienes les guste tu interior, tu personalidad?

—*Yo querría que les gustara la verdadera Camila, la que soy por dentro.*

—¡A mí también! Nuestro cuerpo es muy importante, pero no tenemos que exhibirlo. Necesitamos cuidarlo. Debes nutrir tu cuerpo con buenos alimentos, porque un cuerpo vigoroso es uno de los bienes más preciados. Si lo cuidas bien, podrás utilizarlo para hacer las cosas que de verdad quieras hacer. El cuerpo nos sirve para todo, desde caminar por los pasillos de la escuela hasta practicar deportes. Así que, ¿qué tan importante es cuidar bien el cuerpo?

—*Muy importante.*

—Comparemos por un instante el cuerpo con un automóvil, porque un buen auto lo puede llevar a uno a donde quiere ir y también puede ayudarlo a divertirse, lo mismo que un buen cuerpo. ¿Cuál es el auto más fenomenal? ¿Cuál auto te gustaría tener, si pudieras conseguir el que quisieras?

[Respuesta. Puede que Camila mencione un auto en particular, o puede que diga algo tan simple como "uno veloz y rojo". Suponga que contestó: "Un Porsche".]

—Pues bien, supongamos ahora que llenas el Porsche de pegatinas y lo pintas con colores y lo estacionas enfrente y alardeas todo el tiempo de él conduciéndolo a toda velocidad. ¿Eso sería bueno?

[Ayuda y pistas]: —No, se vería muy mal si lo lleno de cosas. Es peligroso conducir demasiado rápido, y si yo simplemente alardeara de él todo el tiempo, la gente pensaría en mí como si yo fuera el auto en vez de conocerme por mí misma.

—Muy bien. Exactamente. Ahora bien: qué tal que tuvieras exactamente el mismo auto pero lo cuidaras muy bien, lo mantuvieras limpio, le cambiaras el aceite, lo estacionaras en el garaje (donde nadie lo pudiera ver, pero donde estuviera realmente seguro) y nunca alardearas de él ni lo anduvieras mostrando. ¿Eso sería mejor?

[Respuesta]

—Camila, ¿en qué sentido es tu cuerpo como un hermoso auto?

[Ayuda y pistas]: —Es mejor cuidarlo y mantenerlo limpio que alardear de él y tratar de adornarlo o cambiarlo demasiado. Es bueno tenerlo con ropa para que los otros no lo vean demasiado, ni piensen en mi cuerpo sino en lo que soy realmente.

Cómo respetar y proteger el cuerpo

Como padres, deberíamos buscar un equilibrio entre decirles a nuestros hijos menores de ocho años demasiado sobre la sexualidad y sobre su cuerpo, y decirles demasiado poco. Queremos que sepan lo suficiente para que aprecien y respeten sus capacidades físicas y para que se protejan de daños sexuales, pero no queremos preocuparlos o asustarlos ni crear ningún tipo de actitud negativa.

Durante los años de la enseñanza primaria y antes de la "gran charla", los padres deben buscar oportunidades de ayudarles a los niños tanto a respetar como a proteger su cuerpo, todo ello en un contexto positivo de aprecio y cuidado de sus dones físicos. Los peligros sexuales deben ser sacados a colación muy cuidadosamente y poniendo gran énfasis en el hecho de que a un porcentaje muy reducido de gente se le ocurriría hacerle daño a un niño y que la gran mayoría de adultos lo protegerían y le ayudarían.

DIÁLOGO

—Alejandro, tu cuerpo es una de las posesiones más maravillosas que tienes. ¿No son increíbles las cosas que puede hacer? ¿Cuáles son algunas de las cosas maravillosas que puede hacer tu cuerpo?

—*Comer, correr, nadar, tocar el piano, saltar y todo eso.*

—Muy bien, Alejandro. Debes recordar que nuestro cuerpo es un milagro. ¡Puede hacer tantas cosas! Cada parte de nuestro cuerpo y todo lo que nuestro cuerpo hace es un regalo por el cual deberíamos estar agradecidos. ¿Cuáles son algunas de las partes de tu cuerpo por las que das las gracias?

—*Los ojos, los oídos, la boca y todo eso.*

—Hay algunas partes de nuestro cuerpo que llamamos partes íntimas porque son tan especiales que las mantenemos en la intimidad y no se las mostramos a todo el mundo. ¿Cuáles son algunas de tus partes íntimas?

[Ayuda y pistas]: —El pene, las nalgas, los testículos.

—Muy bien. ¿Y qué partes íntimas tienen las niñas?

[Ayuda y pistas]: —Los senos, la vagina.

—¿Sabes, Alejandro?, es una maravilla cómo te sabes los nombres de todas esas partes íntimas. Y las cosas que hacemos con estas partes privadas también tienen muchos nombres. Algunos de los nombres son simplemente palabras inventadas que se usan a veces en familia. [Hablen sobre las palabras que ustedes utilizan para las partes del cuerpo y las funciones corporales]. Ahora ya estás en edad, Alejandro, de conocer y utilizar los verdaderos nombres de todas estas cosas; es decir, las palabras exactas que hemos estado usando en esta charla. ¿Por qué crees que es conveniente utilizar las palabras exactas?

[Ayuda y pistas]: —Las palabras exactas demuestran respeto por nuestro cuerpo.

—Muy bien. ¿Sabes, Alejandro?, muchos niños (y muchos adultos también) no entienden lo importante que es el cuerpo; así que no lo cuidan muy bien. ¿Qué ocurre con eso?

—Que se enferman o se hacen daño más fácilmente y no podrán disfrutar lo mismo de su cuerpo.

—Además, algunos niños no se dan cuenta plenamente de lo fenomenal que es su cuerpo. Les gusta decir cosas desagradables sobre las funciones del cuerpo. No sé por qué razón, piensan que es muy gracioso hacer chistes sobre las partes íntimas del cuerpo, o sobre orinar o defecar [utilice las palabras con las cuales ustedes y sus hijos se sientan cómodos], y emplean palabras que suenan vulgares y que casi le hacen a uno pensar que hay algo raro en las partes del cuerpo o en algunas de las cosas que hace nuestro cuerpo. ¿Has oído algunas palabras que te hayan sonado groseras?

[Respuesta, discusión].

—Alejandro, cuando oigas una palabra que creas que tiene que ver con tus partes íntimas, dímelo siempre, para que podamos hablar sobre lo que quiere decir; ¿de acuerdo?

—*De acuerdo.*

—Muchos niños utilizan las palabras equivocadas porque no conocen las palabras exactas. Puesto que nosotros sí conocemos las palabras exactas, las utilizaremos. También podemos utilizar las palabras que empleamos en familia para referirnos a las partes íntimas y lo que hacen, pero no utilicemos palabras groseras; ¿de acuerdo?

—*De acuerdo.*

—A ver, Alejandro, hay algo más que por tu edad ya estás casi en capacidad de entender. Algunas de nuestras partes íntimas nos sirven para hacer otras cosas, además de ayudarnos a ir al baño.

¡Cosas maravillosas, sorprendentes, que nos ayudan a tener bebés! Y adivina qué... Cuando cumplas ocho años, vamos a tener una charla muy especial, de personas grandes, sobre esto, y te vas sorprender con algo increíble que los adultos pueden hacer con sus partes íntimas.

[Si Alejandro dice: "¿Por qué no puedes decírmelo ya?", háganle saber que ustedes quieren que sea una sorpresa muy especial para cuando cumpla ocho años.]

—Ahora bien, Alejandro: no debemos dejar que gente que no sea de nuestra familia nos vea o nos toque las partes íntimas porque esas partes son muy especiales. Entiendes eso, ¿verdad?

—*Sí.*

—En nuestra familia, Alejandro, cuando alguien te abraza o te besa, o te toma de la mano, ¿cómo te sientes?

—*Bien.*

—¡Ya lo creo que sí! Cuando los amigos, o los familiares, o las personas que amamos nos abrazan, o nos acarician, o nos pasan el brazo por la espalda para felicitarnos, ése es un contacto bueno. Ahora déjame preguntarte algo: ¿existe algo que pueda llamarse un contacto malo?

—*¿Si alguien trata de tocarle a uno las partes íntimas?*

—¡Exacto! Ése sería un contacto malo. ¿Qué otra clase de contacto te haría sentir incómodo?

—*Si un extraño me rodeara con el brazo o me diera palmaditas en la espalda.*

—Exactamente, Alejandro. Éstos son ejemplos de contacto malo. Si alguien tratara de tocarte en esa forma, ¿qué harías?

[Ayuda y pistas]: —Gritar bien alto ¡POR FAVOR, NO ME TOQUE!, en seguida venir a buscarte y contarte.

—Muy bien, Alejandro. Vas a disfrutar de miles de contactos buenos de la familia y de los amigos y de la gente que te quiere, y seguramente nunca sufrirás un contacto malo. Pero si alguna vez te pasa, ya sabes qué hacer.

NOTA A LOS PADRES: Diríjanse a la página 126, si desean un diálogo en que se tratan de manera más detallada las conductas sobre el abuso. (Ese diálogo se escribió pensando en niños ligeramente mayores, pero puede ser adaptado para menores de ocho años).

UNA FÁBULA PARA NIÑOS

Un cuento para leerles en voz alta a niños de cinco años o más

Nuestro libro *Cómo enseñarles valores a sus hijos* generó más peticiones que ningún otro de nuestros libros. Esencialmente, los padres nos estaban diciendo: "Excelente, mil gracias por el libro, pero dennos algo que les podamos entregar a nuestros hijos, algo que les enseñe valores ¡directamente!"

En el intento de satisfacer estas peticiones exploramos de todo, desde CD Rom interactivos hasta videocasetes de dibujos animados. Finalmente nos encontramos con una serie de audiocasetes dramáticos intitulados *Alexander's Amazing Adventures* (Las increíbles aventuras de Alexander), una aventura por cada uno de los doce valores de nuestro libro. Están llenos de emoción, música y experiencias indirectas a través de las cuales los niños que están escuchando el cuento pueden asimilar el "valor del mes". Descubrimos que estos emocionantes audiocasetes mantienen el interés de los niños y tienen la flexibilidad adicional de poderse utilizar en la casetera del automóvil o en la grabadora portátil. Descubrimos también que los niños que las escuchan experimentan en su cabeza de manera vívida los valores a la par con Alexander, el héroe de la serie y príncipe de una tierra mágica llamada Inland.

El sobresaliente equipo de músicos y dramaturgos que produjo la serie pasó como un soplo por la honradez, la valentía, el respeto, la autodisciplina y el pacifismo hasta llegar a los valores de la fidelidad y la castidad. Quedaron perplejos durante un buen tiempo. Los casetes eran para niños de cuatro años en adelante. ¿Cómo podían abordar un tema como éste sin decir demasiado? Como les sucede a menudo a los artistas, apareció una metáfora salvadora. Crearon una aventura sobre la belleza y el compromiso, que podía leerse y ser entendida en diferentes niveles, según las diversas edades de los niños. A los más pequeños les encantaría la historia en sí misma y la convertirían en algo tan familiar que, cuando fueran mayores, la metáfora podría ser explicada y la historia se podría entonces utilizar para ayudarles a entender la importancia de la moderación y la responsabilidad sexual y la belleza del compromiso conyugal exclusivo.

Le pedimos a uno de los creadores de los audiocasetes, Marvin Payne, que adaptara ese drama musical para convertirlo en un cuento para leer en voz alta, y así poderlo incluir al final de la sección destinada a niños de tres a ocho años. Nos parece que, al leérselo a los niños, tendrán ustedes un amable punto de referencia para hablar más adelante de manera concreta sobre la sexualidad. Los niños que estén familiarizados con la historia descifrarán con frecuencia por sí mismos las metáforas, a medida que crezcan.

LAS ROSAS DEL MATRIMONIO

Adaptada por Marvin Payne de un episodio de
Alexander's Amazing Adventures, de Marvin Payne,
Steven Kapp Perry y Roger y Melanie Hoffman

Había una vez un niño llamado Alexander y una niña llamada Elinor, que eran buenos amigos. Pero no jugaban juntos todos los días porque vivían en dos lugares muy diferentes. Alexander vivía en una calle muy semejante a la de ustedes y la mía, en una ciudad que era muy parecida al lugar donde vivimos ustedes y yo.

Pero Elinor vivía en un lugar antiguo y mágico que se llamaba Inland, un lugar como los que sólo se encuentran en leídos y releídos libros de cuentos. En Inland, los niños llevaban sombreros apuntados y emplumados, y las niñas llevaban siempre vestidos de colores vivos. Pero tanto los niños como las niñas usaban botas altas y abrigadas capas, porque las montañas y los bosques de Inland estaban llenos de aventuras.

Elinor nunca venía a donde ustedes y yo, y Alexander, vivimos, pero de cuando en cuando, en el momento en que el viento soplaba cierta canción y las nubes por un instante se configuraban en la forma exacta y la luz brillaba por entre el polvo del aire con el color preciso, Alexander miraba a su alrededor ¡y se encontraba de repente en Inland! Y antes de que pasaran demasiados minutos, Elinor salía de detrás de un árbol o aparecía sobre una colina, o simplemente se le acercaba desde atrás y le decía, en voz bastante alta:

—Hola, te he estado esperando.

—¿Elinor? Oye, ¿dónde estoy? ¿Y qué es lo que tengo en la mano?

—Ponche, tonto. Es lo que tomamos en los matrimonios.

—¿Estoy en una boda? ¿Quién se casa?

—Mi prima Elaine y su guapo enamorado, Edgar.

En ese preciso instante se oyó el redoblar de tres grandes tambores y el trinar de muchísimas gaitas que tocaban una lenta melodía de marcha que hizo que Alexander se sintiera sereno y feliz y un poco asustado, todo al mismo tiempo. Elaine le susurró:

—Están iniciando la marcha hacia el jardín.

Alexander ahora observaba la marcha nupcial dirigiéndose al jardín. Elaine y Edgar se veían espléndidos, pero Alexander estaba un poco confundido, porque nadie le había contado jamás cómo se casaban en Inland. Así que, mientras él observaba, Elinor trataba de explicarle lo mejor que podía cómo en Inland la novia y el novio encabezan una larga procesión hacia su propio jardín matrimonial. Alexander podía ver que la procesión se dirigía hacia unos muros de piedra, allá en la pradera, y se preguntaba cuáles eran las cosas maravillosas que sucedían allá, detrás de esos muros. Elinor le dijo que los novios entraban, solamente los dos, y sembraban dos semillas de rosa, una del jardín de los padres de ella y otra del jardín de los padres de él. Tenía que haber dos semillas, porque éstas no iban a ser rosas ordinarias. Eran rosas matrimoniales, las flores más hermosas y mágicas de todas.

En Inland, los nuevos esposos pasaban un tiempo juntos cuidando todos los días lo que habían sembrado en su jardín secreto. Pronto, dos verdes retoños brotaban de la tierra, y a medida que crecían hacia el sol, se retorcían y enrollaban el uno con el otro. Crecían como un tallo, pero el doble de alto y fuerte. Después de un buen tiempo, florecía una rosa. Siempre y cuando los esposos le quiten la maleza y lo rieguen, lo disfruten y lo traten con ternura, el retoño perdura y la dulzura se acrecienta.

¡Y el color cambia todo el tiempo! Cuando los esposos se están riendo, la rosa es amarilla. Cuando albergan la ilusión de que suceda algo bueno, brilla anaranjado, como un rescoldo a punto de estallar en llamas. Cuando lloran juntos, se oscurece hasta dar un tono morado y azul. Y cuando están felices, late con rojo rubí.

¡Y hay más magia todavía! Al oír la música que producen el hombre y la mujer cuando cantan juntos, la rosa cambia de oro a plata y así varias veces, más y más rápido, hasta que empieza a centellear en blanco, lanzando chispas de todos los colores de la canción, como brilla el sol sobre el agua.

Justo en ese momento, alguien gritó en el instante en que Elaine se desmayaba y caía sobre la hierba. Edgar la tomó en sus brazos y la llevó rápidamente a su cabaña, Alexander y Elinor corriendo detrás. Al recostarla en el lecho, le retiró de la cabeza la corona de rosas que llevaba puesta. Toda la habitación estaba impregnada del pesado olor de rosas que se están marchitando, regalo que Edgar le había dado a Elaine. Del marco de la puerta y de las ventanas colgaban rosas, y de enormes floreros sobre la mesa y al lado del lecho de Elaine también se inclinaban ramilletes de rosas. De repente soltó un fuerte estornudo, como una pequeña explosión, y gimió.

Elinor le susurró a Alexander:

— Aquí hay algo gracioso.

—¿Gracioso? A mí eso no me sonó a risa.

—No, lo que quiero decir es que todas esas rosas parecen rosas matrimoniales.

—¿Y qué hay de malo en eso?

—Pues que uno nunca corta de su jardín las rosas matrimoniales para llevarlas a otra parte.

—Elinor, creo que debemos dejar de hablar de flores y más bien tratar de encontrar una cura para Elaine.

La tomó de la mano, la sacó de un tirón de la habitación, y corrió con ella por el bosque.

—¿A dónde vamos?

—¡Mira! ¡Por entre los árboles! ¡Un vagón de medicinas!

En Inland hay vagones de medicinas tirados por caballos que van de pueblo en pueblo. Y los hombres de las medicinas se detienen un rato cerca de cada pueblo y venden, no solamente remedios para los dolores de estómago y las ampollas y la calvicie, sino también gorros y botones y redes para cazar mariposas. Parecía como si este hombre de los remedios estuviera vendiendo rosas.

—¡No empujen! ¡No se agolpen! ¡Lleven sus rosas matrimoniales! ¡Hay suficientes para todos!

¡Elinor no podía creer lo que estaba oyendo! ¿Estaba vendiendo rosas matrimoniales? ¡Jamás había oído semejante cosa! El hombre de las medicinas continuó su pregón:

—¡Todas las rosas matrimoniales que usted pueda querer, sin tener que molestarse en conseguir marido o esposa, sin tener que pasarse años y años en un jardín húmedo!

A Alexander no le gustó para nada el aspecto del hombre de las medicinas. Era demasiado alto, demasiado delgado; tenía un bigote demasiado puntiagudo y el pelo demasiado brillante. Estaba de pie en la parte de atrás de su vagón, rodeado de ramilletes de rosas, y vociferaba respuestas a la gente que estaba abajo, que extendía las manos en ademán de entregarle puñados de monedas.

—¿Qué? ¿Quiere uno como el primero que compró? Lo siento, todos son diferentes. ¿No sabe acaso que en la variedad está el placer? Usted, señor, otra vez aquí, ya veo. ¿En qué le puedo servir?

El joven cliente reventó en un "¡aaachís!" y ¡Elinor se dio cuenta de que se trataba de Edgar!

—Yo me llevo, ¡aachís!, una docena de rosas amarillas.

—¡Edgar! ¿Qué haces aquí?

—Le estoy comprando rosas a Elaine. Está muy enferma, y las rosas la alegran.

Elinor miró las rosas.

—¡Pero si ya se están marchitando! —dijo.

—Tenía una habitación llena de rosas. ¿Por qué necesita más? —intervino Alexander.

—Se mueren muy pronto. ¡Aaaachís! ¡Lo mejor es que llegue rápido con éstas! —respondió Edgar y se fue corriendo, dejando tras de sí un reguero de enfermizos pétalos de rosa. Los pétalos tocaban el suelo y casi inmediatamente se marchitaban como pedacitos de papel polvoriento.

Algo respecto a ese estornudo llenó a Alexander de sospechas, y se encaminó silenciosamente hacia el vagón de las medicinas. Elinor sintió como si de repente el cielo se hubiera vuelto plano y gris y en él no hubiera pájaros. Bajó lentamente por el camino que había tomado Edgar. A un lado había una rosa que se había caído del ramillete. Elinor la recogió y aspiró el olor profundamente.

Mientras tanto, Alexander había estado acercándose de puntillas al vagón de las medicinas para tratar de asomarse a su interior.

—¿Qué busca? —dijo una voz fuerte y sibilante. Alexander dio media vuelta. ¡No había nadie!

—¡Pra pra pra pra pfrú! —sonó como si acabara de estornudar un caballo, que era exactamente lo que acababa de suceder. Alexander había olvidado que en Inland algunos animales podían hablar, y ¡en ese momento le hablaba el caballo del hombre de los medicamentos!

—Bueno..., pues yo... —farfulló Alexander. El caballo dijo simplemente:

—Espero que no sean las rosas. ¡Para prfu! —estornudó de nuevo—. El hombre de las medicinas tiene tantas, que me alimenta con las que le sobran, en vez de dejarme masticar deliciosa hierba verde. Creo que algo malo pasa con las rosas, porque me estoy enfermando de comerlas.

—¿Dónde las consigue? —preguntó Alexander.

—Tiene toda una granja sembrada de rosas de matrimonio robadas. La gente las compra porque no quiere cultivar las suyas propias. Claro que tiene que comprar muchas, porque se mueren casi al instante.

Una idea se había encendido como una vela dentro de la cabeza de Alexander. En ese momento oyó un fuerte estornudo que venía del bosque. Arrancó un gran cardo y se lo extendió al caballo para que comiera.

—Toma... ¡gracias!

El caballo separó ampliamente los belfos en una gran sonrisa y dijo:

—¡No, gracias a ti!

Pero Alexander ya se alejaba corriendo hacia su amiga, que estornudaba.

—¡Achís! —Elinor se estremeció, y la rosa que sostenía en la mano tembló con el sonido.

Alexander se le acercó corriendo por detrás de la bulliciosa multitud y le gritó:

—¡Elinor, suelta esa rosa!

—¡Achís! ¿Por qué?

—¡Es veneno!

—¡Achís! ¿Veneno?

Alexander le arrebató la rosa y la tiró lo más lejos que pudo. Elinor exclamó.

—¡Y Edgar le está llevando a Elaine todavía más rosas! —exclamó Elinor.

Casi volando por el bosque para alcanzar a Edgar, Alexander logró a duras penas tomar el aire para contarle entre jadeos su historia a Elinor.

—Hablando... con el caballo... el hombre de las medicinas no estaba mirando... Las rosas son rosas matrimoniales... robadas y sembradas en un gran terreno... Hasta se las hace comer al caballo... Por eso me habló... Está cansado de comer rosas envenenadas... quiere hierba... La gente cree que puede conseguir rosas matrimoniales por unas monedas... No quieren cultivar una que dure... No saben que son veneno cuando las... cortan... de sus raíces.

Pronto atravesaron a zancadas el umbral de la cabaña. Edgar se incorporó de un salto del lado de la cama de Elaine.

—¡Por favor, silencio! ¡Hay una persona enferma!

Alexander y Elinor empezaron a recoger las flores y, cuando se les llenaban los brazos, las tiraban afuera.

—Elinor, ¿qué haces con las hermosas rosas de Elaine?

—Edgar, ¡son venenosas!

—¿Qué quieres decir?

—Si arrancas de su raíz las rosas matrimoniales, ¡se vuelven venenosas!

—¡Pero si a ella le encantan!

Desde el lecho se oyó una débil voz:

—¡Sí, me encantan!

—¡Las rosas vivas te van a gustar todavía más!

—Elinor le lanzó a Alexander un montón de tallos muertos para que éste, que estaba al lado de la puerta, las tirara lejos, en el jardín.

—¡Las rosas vivas no te harán daño! ¿No guardarías éstas si eso significara que te mejorarás y que vas a tener lo verdadero?

Edgar tomo la pálida mano de Elaine, y se miraron profundamente a los ojos antes de contestar al unísono:

—Desde luego, ¡eso es lo que siempre hemos querido!

Edgar vio en los ojos de Elaine los altos muros y las sombras frescas del jardín secreto y ella vio en los de él la preciosa rama con espinas que un día les daría una flor perfecta que se levantaría alta contra el sol.

Todavía estaban mirándose a los ojos cuando Alexander, que había permanecido en la puerta, oyó que soplaba el viento. Levantó la mirada y vio que las nubes se movían y percibió cierta luz a través del polvo en el aire. Miró rápidamente hacia el interior de la cabaña. Por sólo un instante le pareció que veía a todo el mundo sonriéndole, ¡como si hubiera hecho algo realmente maravilloso! Pero en ese momento todo desapareció, y se encontró de nuevo en casa.

NOTA A LOS PADRES: Encontrarán muchas oportunidades de referirse a esta historia y de utilizar partes de ella como "iniciadores de conversación" en los años por venir. Es importante que sus hijos la oigan varias veces y que estén familiarizados con sus mensajes y significados. Una vez que esta familiaridad esté en su punto, pueden referirse a la historia en conversaciones futuras con sus hijos, cuando les estén hablando sobre los peligros de utilizar la sexualidad en el momento equivocado o de manera equivocada, o sobre cómo algo hermoso puede volverse feo y peligroso.

2

La "gran charla" de los ocho años

Este diálogo es el "epicentro" de la comunicación entre
los padres y cada uno de sus hijos sobre la sexualidad.
Es la conversación en la cual se presenta la mayor
cantidad de información. Pero tengan presente que
este diálogo no está completo por sí solo:
necesita introducciones y seguimiento.

Cómo generar emociones
y expectativas positivas

Como ya lo dijimos, la edad de los ocho años es una "ventana" entre la falta de interés de la primera infancia y el cambiante estado de ánimo y la volubilidad que preceden a la pubertad. Reiteramos: si su hijo tiene más de ocho años pero menos de doce, anímense a sostener esta charla sin rodeos, pero modifíquenla de la manera apropiada. La mayoría de los niños de ocho años son confiados, abiertos e inocentes y están ansiosos de complacer y bastante fascinados con el mundo que los rodea. Simplemente no han aprendido todavía a sentirse avergonzados, ni a ser sarcásticos ni maliciosos.

Según dónde vivan, al cumplir los ocho años algunos niños ya han oído bastante sobre sexo; es posible que otros no hayan oído prácticamente nada. Otros incluso pueden haber oído mucho pero no haberle prestado atención. Independientemente de cuánto hayan oído, cualquier cosa que haya en su pizarra estará escrita con caracteres muy débiles y puede ser borrada, reescrita o corregida por unos padres preparados y comprometidos. (Tengan en cuenta, sin embargo, que este libro no está escrito para padres que hayan de enfrentarse a un problema de abuso. Este tipo de situaciones generalmente requieren una consejería y la participación de un médico con experiencia en la materia).

Una de las cosas más maravillosas de la mayoría de los niños de siete y ocho años es su propensión a la expectación y la emotividad. Por esta razón es posible ponerlos verdaderamente de buen ánimo, crear en ellos cierto grado de entusiasmo positivo y feliz, como preámbulo a la "gran charla".

A menos que existan razones de fuerza mayor para empezar antes, o a menos que el niño ya tenga más de ocho años, sugerimos que se fijen la meta de sostener la "gran charla" en el día, o en la semana, de su octavo cumpleaños. Asociarla a un cumpleaños sirve para generar la clase de expectación positiva y emocionante que se busca. (También les da a ustedes una fecha límite para no caer en la postergación.) Si su hijo está un poco por encima de los ocho años, escojan o designen algún otro día especial que esté por lo menos a unas semanas en el futuro.

Pueden ensayar algo por el estilo de lo siguiente, a fin de crear emoción y preparar a su hijo:

DIÁLOGO

—Tomás, ya estás llegando a una edad en que puedes entender ciertas cosas que son realmente importantes, así que cuando cumplas ocho años, el mes entrante, vamos a hacerte partícipe de un secreto muy emocionante. Es más: vamos a hablarte acerca de lo más maravilloso y espectacular del mundo.
—*¿Qué es?*

Respondan con algo por el estilo de:

—Ah, no te podemos dar pistas. Vas a tener que esperar hasta tu cumpleaños. Pero te podemos decir esto: Estamos muy emocionados, porque se trata realmente de algo fantástico, y va a ser muy divertido podértelo contar.

—*Bueno, solamente díganme de qué se trata.*

—No, eso sería darte muchas pistas. Queremos que esto sea una especie de secreto hasta cuando tengas ocho años. Seguramente ya sabes un poco de lo que te vamos a contar, pero en tu cumpleaños vamos a compartir todo el secreto. Y es verdaderamente maravilloso, ¡es increíble! No veo la hora. Calculemos exactamente cuánto falta para el día de tu octavo cumpleaños.

—*Creo que faltan como cuatro semanas.*

Pueden empezar a sostener estas conversaciones, destinadas a crear expectación, en cualquier momento del año en que su hijo tiene siete años —o antes, si se presentan preguntas que aconsejen hacerlo con anterioridad—, pero cuando falten uno o dos meses para el octavo cumpleaños, auméntenle el ritmo y mencionen el tema brevemente cada semana más o menos. Utilicen palabras positivas como *espectacular, hermoso, especial, emocionante, interesante.* Terminen el diálogo con una explicación por el estilo de: "Es un secreto sobre algo muy de adultos, que la mayoría de los niños no conocen del todo, pero de lo cual tú sí vas a saberlo todo. Vas a saberlo todo después de tu octavo cumpleaños. Y déjame decirte: ¡es lo más maravilloso, espectacular e increíble del mundo!"

La "gran charla" de los ocho años

Planeamiento

A medida que se acerca el cumpleaños, dejen que su hijo escoja un lugar donde quiera pasar la velada "exclusivamente"; o sea, solamente el niño y ustedes. Éste es un momento distinto y aparte de la fiesta de cumpleaños, que tal vez quieran celebrar más temprano, en el curso del día. La velada es solamente para los tres (o los dos, si uno de los padres es soltero, viudo o separado) y está dedicada a "lo más hermoso y espectacular del mundo".

Ayúdenle al niño a escoger un lugar tranquilo y apto para conversar, como un restaurante agradable con un rincón reservado, o tal vez algún lugar en el campo, donde uno pueda dar un paseo agradable en el auto. Así mismo, estaría bien realizar la velada en casa, al lado de la chimenea o en un acogedor sofá, siempre y cuando sea un sitio en donde no haya interrupciones. Si el niño prefiere realizar antes alguna actividad, prográmenla de modo que sea lo suficientemente temprano para tener todavía un buen tiempo por la noche para la "gran charla".

Con bastante antelación a la llegada del día especial, visiten la biblioteca o una librería y escojan un libro ilustrado que utilizarán de ayuda en la conversación. Se consiguen muchos libros clasificados en la categoría de "educación sexual infantil". Lo más probable es que encuentren por lo menos una docena entre los cuales elegir, pero es mejor escoger un solo libro en vez de dos o tres. Familiarícense con el libro que elijan y ensayen una o dos veces con base en el diálogo que sugerimos a continuación.

DIÁLOGO

—Bueno, Inés, ya te hemos dicho que esta charla sería sobre lo más maravilloso, hermoso y espectacular del mundo. ¿Estás emocionada?

[Inés responde. Muestren ante cada respuesta una reacción positiva y que la anime. Hagan que la niña se sienta importante y especial.]

—Antes de empezar, simplemente queremos decirte todo lo que te queremos. Tú ya sabes eso, pero ¿sí sabes de verdad cuánto te queremos? ¿Sabes que te queremos más que a nuestro trabajo, o al automóvil, o a nuestra casa, o más que a cualquiera de nuestros amigos? Te queremos más que a nada, tal vez con la excepción de lo que nos queremos entre nosotros. ¿Sabías eso?

[Respuesta.]

—Y ésa es una de las razones por las cuales estamos tan emocionados de contarte este secreto fantástico. ¡Porque se trata del amor, y de ti! ¿Eso te da alguna pista?

[Respuesta. Si Inés ha hecho anteriormente algunas preguntas cuyas respuestas ustedes hayan aplazado, refiéranse a ellas y háganle saber que esta charla es sobre esas respuestas.]

—En realidad, lo que te hemos estado diciendo estas semanas es una pista: que iba a ser sobre algo realmente maravilloso y espectacular. ¿Qué crees que es lo más espectacular del mundo?

Permítanle que mencione algunas cosas. Todas las respuestas son buenas.

—Sí, un avión es muy espectacular. ¿Qué cosas puede hacer? ¿Una ballena? Sí, ¿por qué? [Cuando mencione a una persona, díganle:]

—Ahora sí como que hemos llegado a la mejor repuesta. ¿Por qué esta persona es lo más espectacular del mundo?

[Respuesta. Conversen sobre todas las cosas que pueden hacer el cuerpo y la mente.]

—Muy bien. Si una persona es lo más espectacular, entonces el secreto más espectacular sería cómo se hace una persona. Pensemos en eso. Ahora todos estamos grandes, pero ¿cómo empezamos? ¿Qué éramos cuando acabábamos de nacer?

—Bebés.

—¿Has visto un bebé últimamente? ¿Tenía todo: dedos de las manos, dedos de los pies, pequeñísimas pestañas, un ombliguito?

[Respuesta.]

—Los bebés son maravillosos, ¿verdad? Nos acordamos muy bien de cuando tú eras un bebé pequeñito. Simplemente tenías que crecer un poco para convertirte en ti. ¿Recuerdas cuando eras bebé?

[Respuesta.]

—Ahora bien: ésta es la gran pregunta, Inés. ¿De dónde crees que vienen los bebés?

—Del hospital.

—Sí, ¿pero cómo llegaron allí?

—*De la barriguita de la mamá.*

—Sí, ¿pero cómo llegó el bebé a la barriguita de la mamá?

—*De Dios.*

—Muy bien. Pero ¿tienes alguna idea de cómo ese cuerpecito empezó a estar allí? [Formulen las preguntas con un sentido de maravilla y emoción, no como un cuestionario o una encuesta. Reaccionen de manera positiva ante cada respuesta, repitiéndola y esperando para ver si el niño continúa sin ayuda. Entonces, cuando la respuesta se agote, empiecen un tipo de preguntas ligeramente diferentes.] ¿Quiénes crees que deberían volverse padres? ¿Qué clase de personas son las mejores para tener hijos?

[Ayuda y pistas]: —La gente que quiere y cuida a los niños.

—¿Por qué es importante eso?

—*Porque los niños necesitan amor y una familia amorosa.*

—¿Crees que sería importante que los papás de un bebé se quisieran mucho?

—*Sí, muy importante.*

—¿Cómo les demuestra uno a las personas que las quiere?

—*Les dice cosas amables y es amable con ellas.*

—¿Puede uno demostrarles a las personas que las quiere de manera física: con el cuerpo, los brazos o los labios?

—*Uno puede abrazarlas, darles besos.*

—Exactamente. Y si un hombre y una mujer están enamorados, ¿qué clase de besos pueden darse?

[Ayuda y pistas]: —*Besos más largos, más amorosos, en los labios.*

—Muy bien, Inés. Ahora dime: ¿sabías que hay un abrazo todavía más grande y mejor que pueden darse los esposos? Es un abrazo que los hace sentir muy bien, que los hace sentirse muy amados y, esto es lo más emocionante de todo, esa clase especial de gran abrazo es lo que puede hacer que un bebé empiece a crecer en la barriguita de la mamá. ¿No te parece eso muy emocionante?

[Respuesta.]

—Aquí tenemos un libro con dibujos. Nos muestra el abrazo especial que el papá y la mamá se pueden dar, y cómo con ese abrazo se pueden hacer bebés y cómo esos bebés crecen en la barriguita de la mamá. ¿Quieres leerlo?

—*Sí.*

—Vamos a dejarte que lo leas, y nos vamos deteniendo a hablar sobre las cosas que vayas leyendo, ¿de acuerdo? ¿Verdad que es muy emocionante?

(Lean el libro. Si el niño se siente cómodo leyendo, déjenlo que lea. Si no, pueden leer ustedes, o tal vez puedan turnarse. Vayan des-

pacio. Pregúntenle con frecuencia qué opina. Contesten sus pregun-
tas a medida que las vaya haciendo. En cada oportunidad que se
presente, hagan énfasis en lo maravilloso, hermoso e increíble que
es el tema sobre el cual están tratando.)

—¿Cómo te pareció, Inés?

(Hay niños a quienes les parece que algunos de los dibujos en los
libros recomendados son un poco chistosos, pero hagan énfasis en
lo "espectacular" que es todo el proceso real. Denle un toque
personal al hecho de hasta qué punto el proceso le permite a uno
demostrar su amor y cuán íntimo y maravilloso es cuando uno lo
guarda solamente para esa persona especial. ¿Y no es increíble que
todo un bebé, —toda una persona— crezca solamente a partir de
esas dos células pequeñitas?)

—¿Sabías algo de esto antes?

[Respuesta.]

—¿Sobre qué aspectos?

[Respuesta.]

—¿Qué cosas habías oído sobre el sexo?

[Respuesta.]

—¿Crees que tus amigos saben mucho sobre este tema?

[Respuesta.]

—A veces, cuando los niños no han recibido de sus padres información acerca del sexo (quizá han visto cosas en la televisión o han oído a sus amigos), sólo conocen algunos aspectos del tema, y realmente no saben lo especial y espectacular que es. Así que a veces hacen chistes, o se burlan del asunto, pero simplemente es porque no saben todas las cosas que tú sí sabes ahora. De modo que, cuando oigas algo tonto o extraño sobre el sexo, puedes sentirte muy bien de que tú sí sabes las cosas como realmente son. Puedes siempre llegar a casa a contarme cuando oigas algo que no entiendas, ¿de acuerdo?

—*De acuerdo.*

—¿Cuántos años crees tú que debe tener uno para poder tener relaciones sexuales?

[Respuesta.]

[Explíquenle que la pubertad es algo por lo que pasan "niños un poco mayores que tú". Que la pubertad hace que las personas crezcan y se hagan más fuertes y también hace que su cuerpo se empiece a preparar para tener bebés. Prométanle que pronto tendrán otra charla sobre la pubertad, sobre los cambios maravillosos y las cosas buenas "que te van a pasar cuando empieces a convertirte de niña en mujer" o de niño en hombre.]

—Sin embargo, si un chico o una chica ya pasaron por la pubertad y pueden tener un bebé, ¿crees que deberían tenerlo?

—*No.*

—¿Por qué no?

—*Están demasiado jóvenes. Todavía no son suficientemente grandes como para hacer un bebé, o para cuidarlo.*

—¿Y no te parece también que, siendo algo tan especial, es mejor esperar y tener relaciones sexuales solamente con la persona a quien uno más quiere, como por ejemplo, el esposo o la esposa?

—*Sí.*

—¿Por qué?

[Respuesta.]

—¿Crees que el abrazo grande y espectacular del cual hablábamos es muy importante y especial?

[Respuesta.]

—¿Así que es bueno que uno quiera hacerlo con muchas personas, o solamente con una persona verdaderamente especial?

—*Con una persona verdaderamente especial.*

—Inés, ¿recuerdas que cuando empezamos dijimos que ésta iba a ser una charla sobre el amor y sobre ti?

—*Sí.*

—Pues bien: algún día te enamorarás de alguien y querrás estar con él todo el tiempo, y querrás compartir todo tu amor con esa persona. ¿Te parece que sería conveniente guardar ese abrazo especial (como sabes, el nombre que se le da es "relaciones sexuales") para alguien totalmente especial?

—*Sí.*

—¡Nosotros creemos lo mismo! Te queremos tanto, y es gracias a eso tan maravilloso que se llama relaciones sexuales que algún día tendrás un hijo a quien querrás tanto como nosotros te queremos a ti. A lo mejor, cuando tu hijo o hija tenga ocho años, vas a tener con él o ella una conversación parecida. ¿No crees?

[Respuesta.]

—Inés, vas a oír hablar mucho de sexo en los años que vienen. Parte de lo que oigas será bueno, pero una parte será bastante confusa, porque mucha gente no sabe las cosas tan espectaculares de las que hablamos hoy. Siempre que oigas cosas que te molestan o que te hagan surgir dudas, pregúntanos que nosotros te daremos la respuesta exacta. ¿Lo harás así?

—*Claro.*

—Este abrazo especial se llama de muchas maneras. Tal vez la mejor es *hacer el amor*, porque dos personas deberían amarse de verdad antes de hacerlo, y es una manera de comunicarle o expresarle a la otra persona cuánto la amas. A veces a este abrazo especial se le llama *tener relaciones sexuales*. A veces se le llama de manera tonta e incluso grosera, como "tirar" y otras palabras que ni siquiera nos gusta decir. ¿Has oído algunas de estas palabras? ¿Cómo te hicieron sentir?

[Si el niño dice que sí, y que lo hicieron sentir algo así como "raro", díganle algo por el estilo de:]

—Generalmente las personas que utilizan estas palabras no están pensando verdaderamente en lo hermoso y espectacular que debería ser el sexo. Y cuando los niños utilizan otras palabras, simplemente están tratando de parecer grandes, o tal vez simplemente nadie les ha contado las cosas que te hemos contado nosotros. Así que, Inés, cuando oigas palabras y expresiones como ésas, en canciones o en la televisión, o en boca de otros niños, simplemente date cuenta de que seguramente no están pensando en su significado y de que tal vez no saben nada de la parte buena.

—¿Por qué crees que estaría mal usar esas palabras?

[Ayuda y pistas]: —Porque yo ya sé las palabras verdaderas y porque yo sé que el sexo es tan hermoso y especial que no debo burlarme ni contar chistes raros, ni siquiera usar palabras poco respetuosas cuando hablo del tema.

—Ahora bien: hacer el amor o tener una relación sexual no siempre da como resultado un bebé, pero siempre debe demostrar cuánto se quieren un hombre y una mujer, y no debería suceder a menos que estas personas estén comprometidas y sean mutuamente leales. ¿Sabes lo que quieren decir estas palabras? ¿Qué crees que quiere decir *leal*?

[Ayuda y pistas]: —Cuidar a alguien, apoyar a esa persona, cumplir las promesas que se le hacen.

—¿Qué crees que quiere decir *comprometerse*?

[Ayuda y pistas]: —Ser recto y fiel con alguien. Amar a esa persona más que a nadie. Permanecer con esa persona. [Ayúdenle a ver que precisamente el matrimonio es en esencia eso: lealtad y compromiso, y que la mejor manera de demostrar lealtad y compromiso es el matrimonio.]

—¿Por qué sería inconveniente tener relaciones sexuales con alguien con quien uno no se sintiera comprometido ni capaz de serle leal?

[Ayuda y pistas]: —Porque eso es muy especial. Si uno lo hiciera con otras personas, no sería tan especial con la persona a quien uno ama por encima de las demás. Uno no puede ser leal ni comprometerse con la persona a quien no ama.

—Muy bien. Otra cosa mala de tener relaciones sexuales con cualquiera es que hay unas enfermedades bastante graves que la gente puede adquirir. ¿Has oído hablar del sida? [Expliquen en la medida que piensen que sea necesario, pero no vayan demasiado lejos, hasta el punto de causar preocupación y temor. Siempre regresen a la esencia; es decir, a que la sexualidad, a menos que se utilice mal, es lo más hermoso y espectacular y que la razón por la cual se debe guardar moderación es porque es tan especial.]

—Nos ha encantado hablar así contigo. [Concluyan rodeando con el brazo a su hija. Abrácenla. Háganle sentir cuánto la quieren.] Es una maravilla que ahora ya tengas la suficiente edad para saber acerca de algo tan espectacular. Poder hablar de estas cosas contigo nos hace sentir verdaderamente cercanos a ti. Sentimos que entre nosotros podemos hablar de cualquier cosa, ¿no lo crees?

[Respuesta.]

—A veces, a medida que los niños van creciendo, empiezan a pensar que sus padres no los comprenden, así que no hablan de lo que están pensando o de lo que les preocupa. ¿Crees que eso te va a pasar a ti?

[Respuesta.]

—¡Vamos a tratar de que no suceda! Vamos a tenernos confianza, y vamos a hablar de todo, especialmente cuando estemos preocupados por algo o haya algo que no entendamos. ¡Para eso está la familia!

Conversaciones "de refuerzo"

Es posible que algunos padres, al leer este título, piensen: "Ay, no, ¿más conversaciones? Ya es difícil de por sí llevar a cabo la 'grande'".

De hecho, una vez que se ha llevado a cabo la charla de los ocho años, la sexualidad será un tema mucho más fácil de abordar con sus hijos. Es más: lo que tiende a suceder es que algunos niños de ocho años quieran hablar demasiado sobre el tema, y prácticamente con todo el mundo. Nunca olvidaremos la experiencia con uno de nuestros hijos en un banquete justamente después de su octavo cumpleaños. Estaba sentado al otro extremo de una larga mesa de banquete y, cuando lo miramos a la hora del postre, nos dimos cuenta de que era el centro de atención: todos los otros niños que estaban sentados a su alrededor se inclinaban hacia él en señal de atención, mientras Josh impartía sus recién adquiridos conocimientos. Y no era en el tono secreto en que se cuentan chistes o cuentos obscenos. Era en un tono comunicativo, abierto, emocionado, ¡como si estuviera hablando de lo más maravilloso y espectacular del mundo! Sobra decir que habíamos olvidado incluir en nuestros comentarios lo relativo a sugerir intimidad y discreción.

Lo cierto es que, una vez que un niño de ocho años cuenta con la orientación positiva de la gran charla, las conversaciones que siguen no son difíciles. De hecho, ustedes se darán cuenta de que es ameno administrar unas cuantas "inyecciones de refuerzo", o charlas complementarias.

Utilicen el esquema propuesto en los dos modelos de diálogo que se presentan a continuación. Es posible que quieran hacer las preguntas del primer diálogo separadamente, utilizando cada una de ellas cuando se presente el momento indicado, o puede que quieran utilizarlas juntas como guía para la segunda o tercera charla importante.

Preguntas y sentimientos

DIÁLOGO

—Martín, tu cumpleaños y nuestra salida especial fueron hace un par de semanas. ¿Cómo te has sentido respecto a aquello tan espectacular de que hablamos?

[Respuesta.]

—¿No es increíble cómo los bebés empiezan y crecen y se vuelven personitas de verdad dentro de la mamá?

[Respuesta. Ampliénla, aprecien y manejen cualquier observación que los niños hagan o cualquier respuesta que den.]

—¿Y no te parece fenomenal cómo el espermatozoide del papá y el óvulo de la mamá se unen para que el bebé sea un poco como la mamá y un poco como el papá?

[Respuesta.]

—Lo mejor es que todo empieza con ese abrazo grande y especial del que hablamos. ¿Qué opinas del abrazo grande y especial? ¿Te parece algo bonito?

[Respuesta. Es importante obtener con estas preguntas respuestas de más de una palabra. El objeto es descubrir cómo se siente el niño acerca de lo que ustedes le explicaron. Háganle preguntas breves relacionadas con el tema, hasta que puedan establecer cuál es el sentimiento que tiene. Si el niño siente que hay algo raro, o "cochino" o "malo", tranquilícenlo.]

—Tal vez te parezca así porque es algo muy nuevo para ti. Pero, como padres, déjanos contarte que ese gran abrazo es lo máximo. Nos hace sentir bien, y nos hace saber que el esposo o la esposa verdaderamente nos quiere y que desea estar con uno mucho tiempo. ¡Vas a sentir eso algún día con la persona que ames de verdad! Martín, por lo que te estoy diciendo, ¿puedes darte cuenta de cuán especial y lindo me parece a mí?

[Respuesta.]

—¿Sabes, Martín?, me preguntaba si, desde nuestra última charla, has oído hablar de sexo a otros niños o si has oído o visto algo al respecto en la televisión.

[Respuesta. Si Martín ha oído algo "sucio" o "raro" en el colegio o de boca de sus amigos, continúen así:]

—¿Sabes, Martín?, los niños que no conocen todas las cosas de las que tú y nosotros hablamos simplemente no entienden lo maravilloso y estupendo que puede ser el sexo. Como solamente saben algunas cosas, pueden estar un poco confundidos y pensar que el sexo es sucio o malo. Si supieran todo lo que tú sabes, ¿no crees que ellos también pensarían que es lindo y estupendo?

—A lo mejor.

—Y no contarían chistes ni lo tomarían a broma, ¿verdad?

—No.

(Si su hijo ha visto algo al respecto en la televisión, pídanle que les explique qué fue lo que pasó y si le pareció bueno o malo. Según lo que haya sido, lo que al niño le pareció, y cuál sea el objetivo de ustedes, díganle algo por el estilo de:)

—¿Sabes?, un problema que tienen la televisión y las películas es que a veces muestran relaciones sexuales que ocurren demasiado pronto, antes de que las personas estén verdaderamente enamoradas y realmente comprometidas a guardarse fidelidad. ¿Qué pasa, entonces, con esto?

[Martín contesta. Ayúdenle a retomar la idea de que se debe reservar para alguien muy especial, para cuando exista un compromiso. Díganle que tal vez en la televisión no mostraron cómo se van a sentir esas personas al día siguiente, o al cabo de un año, o si uno de ellos se enfermó o si dentro de ella empezó a formarse un bebé, etc.]

—Martín, vas a oír hablar mucho de sexo en los próximos años, por medio de tus amigos, de la televisión, del cine y de las canciones. Algunas de las cosas que oigas van a ser bien confusas, y a veces vas a oír palabras y cosas que no conocías y no entiendes. Búscame siempre para contarme lo que oíste. Así podremos tener charlas especiales sobre el tema, solamente tú y yo, para que entiendas todo, ¿de acuerdo?

—*De acuerdo.*

—¿Qué tanto crees tú que saben tus amigos sobre lo que hablamos el día de tu cumpleaños?

[Martín contesta. Ayúdenle a ver que las familias son diferentes: algunas hablan, otras no lo hacen, y otras hablan pero de diferente manera; pero que en esta familia siempre se trata de ser sinceros y abiertos y de hablar de todo.]

Familia (Nuestra familia ahora y tu familia después)

Siempre que sea posible, en nuestras conversaciones con los hijos debemos relacionar la sexualidad con la familia. Los niños entienden, con buena disposición y con naturalidad, que las relaciones sexuales son mejores (y es lo más natural, y lo más importante y lo más especial) cuando tienen lugar dentro del matrimonio. También pueden llegar a comprender que reservarse sexualmente para el matrimonio hace que las familias sean más sólidas. He aquí una de las maneras posibles de abordar el tema a través de una conversación:

DIÁLOGO

—Rafael, ¿para ti quiénes son las personas más importantes del mundo?

—*Mi familia y mis amigos.*

—Muy bien. ¿Quiénes son las personas del mundo que más quieres?

—*Las personas de mi familia.*

—¿Puedes imaginarte que alguna vez vas a querer a alguien más que a tu hermano o a tus papás?

—*No.*

—Pero sabes que alguna vez seguramente tendrás una esposa y unos hijos, y, lo creas o no, de alguna manera los vas a querer todavía más. Vas a tener dos familias. La familia que tienes ahora y la familia que tendrás después. Ahora bien, Rafael, ¿qué tienen que ver las relaciones sexuales con la familia?

[Ayuda y pistas]: —Es como empiezan los bebés en la familia.

—Muy bien. ¿Hay algo más?

[Ayuda y pistas]: —Es la manera como las parejas se demuestran su amor, demuestran que quieren a una persona más que a ninguna otra.

—Rafael, ¿cuánto tiempo crees que debería durar una familia?

—Todo el tiempo que sea posible.

—¿Por qué?

—Porque necesitamos la familia; necesitamos su amor.

—Estamos totalmente de acuerdo. A la gente la separa el lugar donde vive, o lo que hace. Pero siempre estamos ligados a nuestras familias, ¿verdad? Especialmente a nuestros padres y a nuestros hijos, y a nuestro esposo o esposa, si estamos casados. ¿Cuánto tiempo crees que pueden durar estas relaciones?

—Toda la vida. Para siempre, supongo.

—¿Crees que el sexo puede tener algo que ver con el tiempo que duren las familias?

—No sé.

—Pensemos. Si una pareja de casados tiene relaciones sexuales solamente entre ellos, ¿crees que eso ayudaría a que el matrimonio se sintiera seguro, leal y comprometido para que pudiera durar?

—*Sí.*

—¿Y qué sería lo contrario de eso?

[Ayuda y pistas]: —Si tuvieran relaciones sexuales con otras personas, podrían perder ese sentimiento. No se tendrían confianza, y quizá el matrimonio no duraría.

—Así es. ¿Sabes cómo llamamos al hecho de que dos personas casadas se quieran y hagan el amor solamente entre ellas?

[Ayuda y pistas]: —Ser fieles, o guardarse fidelidad. [Asegúrense de que él también sepa lo que estas palabras significan. Introduzcan también palabras como lealtad y compromiso y lo que éstas significan en este contexto.]

—Exactamente: ser fiel o guardar fidelidad. ¿Qué significan entonces estas palabras?

—*Tener relaciones sexuales sólo entre ellos.*

—Rafael, ésa es la manera más feliz y segura de vivir. Así es como espero que sea para ti, porque te quiero y quiero que seas lo más feliz posible. ¿Te parece que eso suena importante; es decir, eso de serle fiel a tu esposa una vez que la encuentres y te cases con ella?

—*Sí.*

—Muy bien. Ahora te vamos a hacer una pregunta difícil, Rafael. ¿Crees que podrías serle fiel a tu esposa desde antes de casarte, incluso desde antes de saber quién será?

—*No sé. ¿Cómo?*

—Pues bien, hay una canción interesante sobre ese tema en *Las increíbles aventuras de Alexander* (la serie sobre valores que se menciona en la página 62-63). Mira, leamos su letra en voz alta y veamos si sabes qué quiere decir:

Fiel a un sueño

¿Dónde en el mundo, dónde puede estar?
A lo mejor sueña conmigo, en algún lugar.
Se pregunta mi nombre,
las cosas que hago,
todo aquello que también me pregunto yo.

Fiel a un sueño,
fiel a alguien a quien nunca he visto.
Alguien que, en algún lugar, trata de ser
fiel, fiel a mí.

—¿Qué crees que quiere decir lo anterior?

[Ayuda y pistas]: —Supongo que uno puede tener un sueño sobre la clase de persona con la que uno se quiere casar y puede ser fiel a ese sueño desde antes de conocer a esa persona.

—¿Eso sería bueno?

[Ayuda y pistas]: —¿*Haría que un matrimonio durara más tiempo?*

—Probablemente. ¿Por qué?

—*Las relaciones sexuales serían más especiales y más hermosas y espectaculares, y los esposos se tendrían más confianza.*

—¡Ése es un bello sueño!, ¿no es cierto, Rafael?

3

Charlas de seguimiento con niños entre los ocho y los trece años de edad

———————⚫———————

Piensen en la "gran charla" y en las "charlas de refuerzo" como unos firmes cimientos. Colocarlos en su lugar los faculta —de hecho les otorga el poder como padres— para construir sobre esos cimientos, para instalar las paredes, el techo, las ventanas y las claraboyas de "lo más maravilloso del mundo".

Durante los siguientes cuatro o cinco años, a medida que sus hijos avanzan hacia la adolescencia, deben utilizarse conversaciones adicionales relacionadas entre sí, para ampliar lo que los niños han captado y renovar su compromiso con los principios auténticos. En las páginas siguientes les presentamos esquemas de esas conversaciones "de implementación".

Niños de edad mediana

Las conversaciones incluidas en este capítulo están destinadas a niños entre los ocho y los trece años, y fueron concebidas para ese lapso en que los chicos se hallan entre la alborada conceptual y de interés, que se da aproximadamente a los ocho años, y los cambios de la pubertad que aparecen en la adolescencia temprana. Llamamos a este importante pero con frecuencia olvidado periodo, la "edad media" de la infancia.

De cierta manera es un tiempo mágico, y para los padres una época llena de oportunidades. Los niños en edad mediana son, por lo común, extremadamente curiosos e interesados. Son lo suficientemente conversadores y razonadores para entender la mayor parte de lo que se les explica. Se sienten halagados si se les otorgan responsabilidades y se les trata como adultos. Todavía no se hallan preocupados emocional ni hormonalmente por el sexo, así que pueden tomar distancia mentalmente para mirar el sexo con objetividad. Y a esta edad todavía, en general, se hallan exentos de la malicia, el sarcasmo y el escepticismo que acecha, a la vuelta de la esquina, a quienes se encuentran en plena adolescencia. En resumen, es el tiempo óptimo para enseñar muchas cosas relacionadas con los valores y con el carácter al igual que con el intelecto.

El periodo comprendido entre los ocho y los trece años es una época que los padres no miramos con suficiente atención. Denle alguna vez un vistazo a la sección de puericultura y cuidados en la infancia en alguna librería grande. Encontrarán cientos de libros sobre bebés y niños en edad preescolar, y otros cientos sobre la adolescencia temprana y posterior, pero muy pocos sobre los niños en edad mediana. Tenemos la tendencia dominante a preocuparnos por los más pequeños y por los más grandes. Los problemas, las necesidades y las preocupaciones son sencillamente más evidentes en estos grupos. Nos preocupamos por la manera como nuestros hijos en edad preescolar se están desarrollando, por la forma en que están aprendiendo y creciendo, y nos preocupamos de lo que nuestros adolescentes están pensando, bebiendo y haciendo. Los niños de edad intermedia representan generalmente menos problemas, menos preocupaciones, así que con frecuencia los dejamos bastante solos. Haciendo esto, perdemos una oportunidad preciosa de ayudarles a adquirir la autoestima, el carácter y la comprensión que tanto harían por asegurarles una vida feliz y productiva.

Cuando los padres toman la iniciativa con los niños de edad mediana, con frecuencia se están ahorrando el estar constantemente a la defensiva con los adolescentes. Si durante esa etapa de transición entre los ocho y los trece años les enseñamos a nuestros hijos qué hacer, pasaremos menos tiempo diciéndoles más adelante qué no hacer. Y el nivel de confianza y los patrones de comunicación que establezcamos mucho tiempo antes de la adolescencia se extenderán hasta la adolescencia y después, en épocas en que el entendimiento entre padres e hijos normalmente se agota.

Por ejemplo, no es fácil imaginar a un muchacho de quince o dieciséis años acercándose a los padres a pedirles su opinión o consejo sobre un asunto, incidente o dilema relacionado con la sexualidad, a menos que éste haya sido tema de confianza y comunicación durante varios años. Si las conversaciones que siguen se utilizan con adolescentes, deberán ser modificadas, y los padres deben contar con que serán más difíciles y requerirán más tiempo que con un niño de edad mediana, quien, entre otros atributos, puede quizá creer todavía que los padres saben algo.

Las conversaciones y charlas sugeridas en esta sección están dispuestas en una forma que obedece a una secuencia cronológica que nos parece bastante natural; es decir, según las edades en que funcionan mejor. La conversación que puede tener lugar incluso a los ocho o nueve años de edad aparece primero, y las conversaciones más pertinentes para los de doce o trece años aparecen al final. Aclaramos de nuevo que las edades son "sugeridas" o "ideales", lo cual no impide que las conversaciones funcionen eficazmente con niños mayores y a veces menores. Sin embargo, la secuencia en que las presentamos es muy importante, puesto que la mayor parte de las conversaciones posteriores no serán tan eficaces si no están precedidas por la mayor parte de las más tempranas. No obstante, dentro de estas pautas es mejor tener cada conversación cuando alguien o algo la traiga a colación naturalmente, a raíz de una pregunta, de una información en los medios de comunicación, de una situación relacionada con el grupo de compañeros, o de algo que el niño oyó u observó.

Todas las conversaciones de seguimiento que presentamos en esta sección deberán tener lugar cuando el niño entre en la adolescencia y la pubertad. Entonces ustedes formarán parte de la base de sustentación: ustedes, como padres, habrán dicho la "primera palabra" en cada aspecto importante. Todo lo que sus hijos vean, oigan y experimenten en cuanto al sexo en los años venideros tendrá la oportunidad de situarse dentro del marco positivo que ustedes han construido. Esto también conserva abiertos los canales de comunicación, permitiéndoles aconsejar a sus hijos en cuanto a posibilidades y situaciones relacionadas con la sexualidad que pueden presentarse durante la adolescencia y más adelante.

En otras palabras, si ustedes sostienen con sus hijos estas conversaciones preventivas tempranas sobre sexualidad y, por ende, guían el pensamiento de sus hijos, entonces los mensajes, situaciones o circunstancias posteriores relacionadas con la sexualidad y, que de otro modo, podrían ser problemáticas, se convertirán en oportunidades para hablar más y para volver a poner énfasis en lo que es mejor y en lo que es peor.

Nunca permitan que el tema se vuelva "inactivo": las influencias de los medios de comunicación y de los compañeros de grupo deben ser "factores desencadenantes" de conversaciones con los niños entre los ocho y los trece años de edad

Hemos conocido padres que sostuvieron exitosamente "grandes charlas" con sus hijos de ocho años, suspiraron con alivio y nunca más volvieron a tocar el tema. Por el contrario, nosotros pensamos que la charla de los ocho años es una puerta que se abre hacia un lugar que queremos sea siempre fácilmente accesible y frecuentemente visitado. Una vez que hayan "equipado" a sus hijos con una introducción clara y positiva tanto a los hechos como al compromiso sexuales, tendrán suficiente conciencia del tema como para que surjan muchas preguntas, preguntas que acaso no formulen, a menos que se les garanticen muchas oportunidades fáciles de hacerlo.

Una manera clave de permanecer a la ofensiva es tomar las dos influencias que uno más teme para sus hijos —los medios de comunicación y los compañeros— y utilizarlas para establecer conversaciones permanentes de seguimiento. Sugerimos dos enfoques respecto a los medios de comunicación y dos respecto a los compañeros.

Los medios de comunicación

Dediquen un tiempo a ver con sus hijos en la televisión un par de comedias o cualquier otra cosa que les guste. Casi con certeza, podemos afirmar que algunas partes de la trama o del diálogo contendrán referencias o implicaciones sexuales. Al terminar el programa, hagan preguntas "de opinión": "¿Los personajes hicieron lo debido?", "¿Qué quieren decir algunas de las palabras que usaron?", "¿Ustedes creen que ellos se han dado cuenta de que el sexo es lo más hermoso del mundo?" El mismo tipo de conversaciones puede también darse al mirar juntos una revista de actualidad. Incluso las connotaciones sexuales de los anuncios publicitarios llevan a buenas charlas de seguimiento.

O se puede optar por un enfoque más general: "¿Cuáles son

tus programas o películas preferidas?", "¿Hay sexualidad en ellas?", "¿Viste u oíste algo acerca del sexo que no entendieras?", "Bueno, ya sabes: ahora que ya hemos tenido nuestra gran charla, cuando veas u oigas cualquier cosa sobre sexo, cuéntame qué era y si lo entendiste y si crees que estaba bien o no".

Los compañeros

Si uno de ustedes es la "mamá que los lleva a los entrenamientos de fútbol", o "el papá que los recoge", escuche las conversaciones de sus hijos. ¿De qué hablan? ¿Hay en particular algunos amigos que sacan a colación temas sexuales o utilizan terminología sexual? ¿Cómo responden los otros niños? El simple hecho de escuchar con frecuencia les dará las bases para sostener después una conversación privada. "Me gustan tus amigos, son buenos chicos. ¿Cuál de ellos crees tú que sabe sobre el sexo? ¿Por qué lo crees? ¿Guillermo habla mucho de ese tema, ¿no es cierto? ¿Qué opinas de las cosas que él dice?" Mantengan todo en un tono positivo y exento de juicios, pero aprovechen la oportunidad para recordarle a su hijo que muchos otros niños no conocen los detalles, así que dirán cosas tontas o un poco groseras sobre el asunto. Pregúntenles siempre a sus hijos si tienen dudas sobre lo que han oído.

La manera más general de abordar el tema en este caso sería simplemente preguntar algunas cosas cuando se está en la intimidad del hogar. "Ahora que ya sabes todo acerca del sexo, apuesto a que oyes a los niños hablar del tema o utilizar palabras que se refieren a eso, ¿verdad?" "¿Cuál de tus amigos crees que sabe más sobre el tema?" "¿Crees que han tenido la 'gran charla' con sus padres?" "¿Crees que saben lo hermosas y espectaculares que son las relaciones sexuales?" "¿Por qué crees que algunos niños se ríen del sexo o cuentan chistes sexuales?"

Sea cual sea la manera cómo se inicien estas breves conversaciones incidentales, la clave es utilizarlas para reforzar algunos aspectos de la "gran charla": la belleza de la sexualidad, el milagro que constituye, su importancia y cuán especial es.

Cómo decidir por adelantado

Hay un debate en particular que nos encanta presentarles a niños un poco mayores (de quinto o sexto grado) en la escuela primaria o media. Ustedes lo pueden adaptar para formar un diálogo paso a paso con sus hijos:

1. Con la edad que ustedes tienen, y dados los avances actuales de la medicina, su esperanza de vida es de alrededor de ochenta y cuatro años. Eso significa que ustedes vivirán siete segmentos de vida, cada uno de doce años.

2. Todos ustedes están apenas comenzando (o a punto de comenzar) el segundo séptimo de su vida. Durante el primer séptimo transcurrió la infancia y asistieron a la escuela primaria.

3. Ahora bien: ¿cuáles creen que serán las decisiones más importantes que tomarán en la vida?

(Las respuestas iniciales se refieren generalmente a la profesión, a la persona con quien se casarán, a si asistirán o no a la universidad y a cuál, a qué estudiarán y en qué lugar vivirán. Después surge un tipo de decisión ligeramente diferente con referencia a probar las drogas, ser sinceros, fumar, tener relaciones sexuales, consagrarse a ser lo mejor).

4. Es interesante observar que en este punto se presentan dos clases de decisiones. Existen las de "múltiples opciones", que no podremos tomar sino cuando seamos un poco mayores y conozcamos todas las opciones, como con quién casarnos y qué carrera seguir. Llamemos a éstas "decisiones categoría uno". La otra clase de decisión es la del tipo "buena o mala", compuesta simplemente por dos opciones, una de las cuales es acertada y la otra, equivocada. Llamemos a éstas "decisiones categoría dos".

5. Ahora regresemos a la idea de los séptimos de vida. He aquí la gran pregunta: ¿En cuál séptimo de vida tomamos todas las decisiones más importantes de la vida, categoría uno y categoría dos? (Los muchachos se dan cuenta rápidamente de que todas su decisiones importantes, las que tendrán las consecuencias más perdurables, probablemente serán tomadas durante el segundo séptimo; es decir, en el periodo de doce años que están iniciando).

6. ¿No es eso un poco asustador? Uno es tan joven en el segundo séptimo, ¡pero tiene que tomar decisiones que determinarán cuán saludable, exitoso y feliz va a ser durante los otros cinco séptimos!

7. Hay una manera de tomar todas las decisiones importantes de categoría dos (acertadas o equivocadas) ahora o en los próximos días y de tomar las decisiones acertadas. Después nunca se tendrán que preocupar de nuevo, y podrán reservar su energía y sus pensamientos para las otras decisiones importantes; es decir, las de categoría uno, en las cuales van a tener que sopesar muchas opciones.

8. Les diremos cómo se hace. En un lugar muy especial, muy privado, como en las páginas de atrás de su diario, hagan una lista de estas *decisiones anticipadas*. Éstas son aquellas decisiones acerca de las cuales ustedes pueden saber ahora mismo qué está bien y qué está mal. Y si deciden con suficiente *firmeza* y anotan esa decisión, le ponen fecha y la firman, puede funcionar como una promesa y un contrato consigo mismos. Cualquier decisión que anoten y firmen ahí, ya estará *tomada* y no tendrán que decidir de nuevo. Por ejemplo, si ustedes deciden (con total firmeza, con anticipación y por escrito) que no probarán las drogas, no tendrán que estar tomando esa decisión cada vez que alguien se las ofrezca.

La mayoría de los chicos que comienzan su adolescencia, incluso en el contexto de un grupo amplio, ayudándolos y animándolos un poco, pueden elaborar una lista consolidada de seis u ocho *decisiones anticipadas*. En el ámbito más íntimo de la familia, con la ayuda de ambos o uno de los padres, se pueden contraer por anticipado compromisos incluso más firmes. Estas decisiones pueden estar relacionadas con "no fumar", o con "ingresar en la universidad". Los padres pueden elaborar pequeños "guiones" para aclarar las decisiones anticipadas. ("Tienes quince años, y estás en una fiesta donde todo el mundo está fumando. Incluso la muchacha que está contigo te está insistiendo en que enciendas un cigarrillo. ¿Qué harás? ¿Qué dirás?") Esta clase de ensayo prepara al niño para el suceso real.

Las decisiones anticipadas pueden ser especialmente útiles (y poderosas) en relación con la sexualidad. Un niño que "se las sabe todas" en relación con "lo más hermoso y maravilloso del mundo", querrá tomar la decisión de reservar las relaciones sexuales para cuando existan el verdadero amor y el compromiso a largo plazo. Una vez que esta decisión anticipada esté consignada por escrito y firmada en el diario íntimo del niño, puede ser "visitada de nuevo" a medida que los años vayan pasando, y los padres pueden ayudar a reforzarla mediante el elogio y tal vez mediante pequeños "guiones" sobre posibles situaciones y ayudándole al niño a ensayar lo que diría o haría en tal caso.

Conversaciones sobre la pubertad, con niños entre los nueve y los doce años

En Estados Unidos, la mayoría de las escuelas públicas de educación primaria dan clases de "maduración" en el cuarto o quinto grado, lo cual constituye otra buena razón en pro de la charla de los ocho años: sirve para colocar unos cimientos sólidos antes de que los ladrillos y los tablones de una información aleatoria y atemorizante empiecen a ser colocados torcidamente.

Las clases de "maduración" y educación sexual que se dan en las escuelas van desde las francas y útiles hasta las absolutamente horrendas, según la persona que las imparta, el colegio, el currículo, la orientación y otros factores. Abundan las historias de terror, desde la del director de la escuela de primaria que les envió a todos sus alumnos de sexto grado una tarjeta del día de los enamorados con un versito de intenciones cómicas sobre el "sexo seguro" y con un condón pegado adentro, hasta el relato, documentado en el número de octubre de 1994 de la revista *Atlantic Monthly,* sobre un profesor de secundaria en Nueva Jersey que dijo: "Yo les enseño que la clave del buen sexo es la lubricación[...] Les hablo sobre posiciones sexuales[...] Hablamos sobre los sabores de las personas, sobre el sabor de los besos[...] El tema nos lleva a discutir sobre la masturbación, sobre qué se siente al tocar nuestros genitales".

Por fortuna, pocos padres tendrán que encarar situaciones tan extremas, y el objetivo de este libro no es el de adoptar posturas políticas, o hacer juicios sobre los programas de educación sexual en las escuelas. (Los padres pueden, según parece, gastar una gran parte de su tiempo preocupándose sobre lo que otros les dirán a sus hijos sobre el sexo y muy poco tiempo en decidir qué deben decir ellos.) Más bien, nuestro propósito es colocar a los padres en una posición preventiva y predominante desde la cual les enseñen a sus hijos primero y después utilicen eficazmente las clases de "maduración" de la escuela (de la misma manera como utilizan las referencias sexuales en los medios de comunicación y por parte de los compañeros) como puntos de partida para las conversaciones con sus hijos. Estas conversaciones deberán tener lugar dentro del marco preestablecido de que la sexualidad es un regalo hermoso y especial que debe ser utilizado en el momento debido, de la manera debida, con responsabilidad y disciplina.

Tomen como base para su conversación personal sobre la pubertad el momento en que empiecen en la escuela primaria las clases de educación sexual y cuando ustedes piensen que se van a presentar en sus hijos los primeros signos de la pubertad. Asegúrense de anticiparse a ambas y de superarlas. Si ya han establecido las bases a través de la "gran charla", en la cual mencionaron la palabra *pubertad,* y la explicaron como el proceso de crecimiento que hace físicamente posible que las personas tengan relaciones sexuales y hagan bebés, es muy natural y bastante emocionante estar atentos a las oportunidades apropiadas y al nivel de interés que les permitan ampliar el concepto.

DIÁLOGO

—Margarita, creo que ya estás en edad de que hablemos un poco más sobre la pubertad, sobre algunos de los cambios que están a punto de empezar en tu cuerpo cuando empieces a convertirte en mujer. ¿Te parece que lo hagamos?

[Respuesta.]

—¿Has oído algo más sobre la pubertad desde la última vez que hablamos sobre el tema?

[Respuesta.]

—¿Cómo definirías la pubertad?

(Ayúdenle a definirla como los cambios naturales que experimenta el cuerpo en el proceso de convertirse en mujer. Siéntanse a gusto ustedes y ayúdenle a ella a sentirse a gusto y familiarizada con términos como senos o pechos, vello púbico, vagina, y pene.)

—Margarita, no falta mucho para que empieces a experimentar algunos de estos cambios, y son muy emocionantes. Te volverás más alta y más fuerte, tu voz será más plena y suave, tus senos y tus caderas empezarán a crecer y a desarrollarse, y debajo de los brazos y entre las piernas empezará a crecerte vello. Y, lo creas o no, te van a empezar a atraer mucho más los muchachos. Es un acontecimiento que debes esperar como algo bueno. Algunos niños comienzan su pubertad antes que otros. ¿Conoces a algunos niños que ya estén empezando?

[Respuesta.]

—¿Cuándo crees que se inicia la pubertad generalmente, y cuánto tiempo crees que dura?

[Ayuda y pistas]: —Puede empezar en cualquier momento entre los nueve o diez y los trece y los catorce años, y la mayor parte de los cambios, los más grandes, ocurren en un par de años.

—Muy cierto, y realmente no importa si se tiene una pubertad tardía o temprana, siempre y cuando uno entienda y sea consciente de lo que le está sucediendo. La pubertad es emocionante; uno se vuelve más grande y fuerte y mejor. Todo es bueno, muy bueno... tal vez con la excepción de dos cosas menores. ¿Se te ocurren un par de cosas de la pubertad que tal vez no sean tan buenas?

[Margarita responde. Si dice algo por el estilo de "no quiero crecer" o parece tener algún temor, tranquilícenla y háblenle de nuevo sobre lo positivo antes de continuar.]

—Bueno, las dos cosas en que estoy pensando no duran y no son tan terribles, aunque en un principio lo parezcan. Una son los problemas de la piel: los barros y el acné. Algunos chicos tienen que enfrentarse a ese problema en la pubertad, pero hay cremas y otras cosas que ayudan. Y a algunos chicos les dan dolores de crecimiento, simplemente porque están creciendo tan rápido. Lo otro en lo que estoy pensando afecta a todos en la pubertad y a los que están a su alrededor, y se llama volubilidad en el estado de ánimo. Durante los dos o tres años en que uno está cambiando más, siente algunos estados de ánimo bastante notables. A veces se siente uno completamente feliz y emocionado sin ninguna razón en especial, y a veces se siente deprimido y estúpido, y tampoco sabe por qué se siente así. Lo que hay que recordar es que todos en la pubertad pasamos por esos estados de ánimo. Generalmente no duran mucho, y no hay mucho que se pueda hacer con estos estados de ánimo malos o de depresión. Simplemente hay que saber que vendrán, y así no te molestarán tanto. No lo olvides, ¿de acuerdo?

—*De acuerdo.*

—¿Por qué crees que a los chicos les salen estos barros y les dan dolores de crecimiento, y pasan por tantos estados de ánimo extremos en la pubertad?

[Ayuda y pistas]: —*Seguramente porque están creciendo tan de prisa. Todo está cambiando, hasta las sustancias químicas de su cuerpo.*

—Exactamente, Margarita. Ahora hablemos de otra cosa muy importante que les sucede a las niñas en la pubertad. Se llama menstruación, período o regla. Es algo realmente maravilloso, pero puede ser difícil adaptarse o acostumbrarse a ella. ¿Has oído hablar de menstruación, períodos o regla?

[Respuesta.]

—Bueno, ¿recuerdas cuando hablamos de que en la mujer se forma un óvulo que puede volverse un bebé si un espermatozoide del hombre se encuentra con él? Pues bien, Margarita: una vez que una niña entra en la pubertad, por lo menos uno de esos óvulos sale de sus ovarios aproximadamente una vez al mes. El óvulo baja por las trompas de Falopio, como veíamos en el libro y, si no es fertilizado por un espermatozoide, simplemente sigue su camino y sale. Es demasiado pequeño para verse, pero junto con el óvulo sale sangre en cantidad suficiente para que sea visible. Así que una mujer, o una niña en la pubertad, sangra un poco por la vagina, más o menos cada mes. ¿Entiendes?

[Margarita responde. Anímenla a hacer preguntas. Regresen al libro ilustrado, si es necesario, y díganle que en la escuela también le hablarán de eso.]

—La razón por la cual dije que la menstruación es maravillosa es que indica que las cosas en tu organismo están trabajando bien para que algún día puedas tener un bebé. Pero sangrar una vez al mes puede asustar un poco, ¿no crees?

[Respuesta.]

—Todas las niñas se preocupan un poco al principio, pero no es tan inconveniente como podría parecerte. Hay toallas higiénicas que se pueden usar para que nada se ensucie, y puedes seguir tranquilamente realizando tus actividades normales. Cuando te suceda por primera vez, cuéntame, para indicarte exactamente qué debes hacer y así no tendrá que preocuparte, ¿de acuerdo? (Naturalmente, es mejor que esta conversación se lleve a cabo entre madre e hija, pero no hay ninguna razón por la cual un hombre no sea igualmente apto para hablarle a su hija sobre el tema.)

—*De acuerdo.*

—La menstruación o regla les llega mucho más temprano a unas niñas que a otras. Es la manera como la naturaleza prepara a una mujer para el momento, que deberá venir muchos años después, en que quiera ser mamá. ¿Cómo te parece?

[Respuesta.]

—¿Qué piensas de todo este asunto de la pubertad?

[Respuesta.]

—¿Qué crees que sea lo mejor de la pubertad y qué crees que sea lo peor?

[Respuesta. Hagan seguimiento y conversen de las cosas de una manera que infunda tranquilidad, comunicándole siempre a la niña una sensación de confianza, de respeto, de sentirse contentos de que su hija es ahora lo suficientemente madura para saber y entender estas cosas.]

—Margarita, los varones también cambian mucho durante la pubertad, pero generalmente ésta les llega más tarde que a las niñas. Si alguna vez te has detenido a observar a un grupo de alumnos de sexto o séptimo grado, te habrás dado cuenta de que la mayoría de las chicas se ven mucho mayores que la mayoría de los chicos. Pero los muchachos pronto las alcanzan. Se vuelven más altos, más fuertes, sus hombros se tornan más anchos, incluso los pobrecitos tienen que empezar a afeitarse la cara. También les crece vello púbico, y los testículos y el pene aumentan de tamaño. Una cosa medio chistosa es que la voz de los chicos cambia más que la de las chicas. Se vuelve profunda de repente y a veces suena como si estuviera hablando una persona totalmente diferente. ¿Tienes preguntas acerca de eso?

[Respuesta. Hagan un repaso, según lo consideren necesario. Tengan una actitud positiva y elogien las preguntas y los comentarios de Margarita.]

—Margarita, seguiremos hablando de esto. Aquí no hemos agotado el tema. Pero lo que hay que recordar, ante todo, es que nosotros hemos pasado por la pubertad y la recordamos muy bien. Por eso queremos que siempre nos hables cuando tengas preguntas o cuando te empiecen a suceder cosas. Nos emocionará tanto como a ti. Es realmente una especie de milagro. Cambiar de niña a adolescente ¡es más espectacular que cuando un gusano se torna mariposa! Te amamos y nos emociona lo que te pase. Nos gustaría compartir esa emoción contigo, así que queremos que nos cuentes todo. Nada de secretos, ¿de acuerdo?

[Respuesta.]

—Te voy a contar algo gracioso que me sucedió cuando estaba pasando por la pubertad y tenía más o menos tu edad. [A los niños les encanta oír las experiencias que tienen las personas cuando están creciendo, especialmente si son embarazosas y si las tuvo uno de los padres. Hacerlo partícipe de uno o dos recuerdos aumentará las posibilidades de que el niño comparta con ustedes sus experiencias y sentimientos.]

Si esta conversación es con un chico, simplemente inviertan el orden de importancia de los datos. A esta edad tan temprana, los muchachos no necesitan por lo general saber muchos detalles sobre la menstruación de las niñas, pero sí deberían dedicar ustedes un par de minutos al tema de las poluciones nocturnas o "sueños húmedos" y a cualquier otra cosa que pueda sorprenderlos.

Charlas preventivas acerca de temas relacionados con la sexualidad: los anticonceptivos, el aborto, la violación, el abuso, la prostitución, la masturbación, la homosexualidad, el sida y la pornografía

La clave es tratar los temas con la suficiente antelación para que adquieran un carácter preventivo (para que la información que ustedes proporcionen y las actitudes que ustedes proyecten precedan lo que el niño recibe de otras fuentes), pero lo suficientemente tarde como para no crear preocupación innecesaria o lanzar a los niños hacia algo que les roba la inocencia antes de tiempo o que les da información que todavía no necesitan.

Para la mayoría de los niños, este momento "de no tan temprano, no tan tarde" se sitúa en algún lugar entre los diez y los doce años. Si los temas surgen antes (y si surgen con seriedad, y si el niño manifiesta curiosidad e interés reales), entonces utilicen esta conversación antes. Es posible que los niños más pequeños hayan oído los términos o hayan visto cosas relacionadas con esos términos, pero si no han manifestado todavía real interés o preocupación por ellos, entonces esperen. Sin embargo, si van a pecar por algo, pequen por hacerlo demasiado pronto. Pero asegúrense de que la conversación sea lo suficientemente positiva y "ligera" para no crear preocupaciones innecesarias. Recuerden que la meta es mantener la actitud positiva, respetuosa y hermosa que han tratado de establecer hacia la sexualidad.

Tomen su propia decisión acerca de si deben abarcar en una sola conversación todos los temas que enumeramos. Si su hijo es relativamente pequeño, si tiene once años o menos, puede que sea conveniente referirse tan sólo a los términos o conceptos que haya oído y sobre los que tenga dudas, y dejar los otros para después. En cambio, si él o ella tiene doce años o más, es posible que ustedes deseen optar por cubrirlos todos, bajo el supuesto de que, si algunos no le han interesado todavía, pronto le interesarán.

He aquí un ejemplo de una posible manera de abordar la cuestión:

DIÁLOGO

(Empiecen retomando un poco los temas que ya han tratado sobre la pubertad, porque es necesario seguir conversando sobre esta etapa a medida que va transcurriendo, para mantener la cuestión sobre el tapete. Estén preparados para un poco de incomodidad y de resistencia cuando lo saquen a colación, pero sean persistentes y háganle saber a su hijo que para ustedes es tan importante como para él.)

—Nicolás, hace unas semanas que te pregunté acerca de la pubertad, y noto cuánto has crecido últimamente. Te ves más alto de lo que te veías el mes pasado. ¿Has notado alguna de las otras "señales" de las que hablamos antes?

[Respuesta.]

—¿Cambios en la voz? ¿Más vello en alguna parte? ¿Poluciones nocturnas? ¿Te están empezando a interesar más las niñas?

(Estas preguntas deben ser hechas con ánimo amistoso, con el brazo alrededor de los hombros de Nicolás. El tono debe ser de interés, amor y orgullo por su crecimiento y madurez. Pongan énfasis nuevamente en que no importa cuándo suceden estas cosas. Tarde o temprano, en cualquiera de los casos está bien. Simplemente quieren compartir los grandes sucesos, porque son emocionantes e importantes.)

—A medida que vayas creciendo, Nicolás, y a medida que vayamos hablando sobre estas cosas, tendrás todavía más conocimiento sobre lo grandioso y espectacular que es el sexo. También oirás hablar de muchas cosas relacionadas con el sexo que queremos que entiendas, inclusive algunas palabras que tal vez ya hayas oído y que debes conocer. Escribamos algunas de estas palabras en el lado izquierdo de esta hoja de papel, y a la derecha escribiremos las definiciones, ¿de acuerdo?

—*De acuerdo.*

(Es mejor que el mismo Nicolás escriba. Díganle cada palabra y dejen que Nicolás la anote y diga si la ha oído y si sabe lo que quiere decir. Explíquenle que no se trata de palabras malas o impropias como algunas de las que, en la charla sobre el aprecio por el cuerpo y la pornografía decidieron tratar de evitar. Éstas son sencillamente palabras que describen algunas cosas que le pasan a la gente y que tienen que ver con el sexo. Algunas de las cosas a las que se refieren son malas y tristes, pero no es malo usar esas palabras. Permítanle a Nicolás anotar las definiciones al lado derecho del papel. Hagan algún comentario acerca de cada palabra.)

ANTICONCEPTIVOS: Recuerda que existen dos razones principales para tener relaciones sexuales. Una es tratar de tener un bebé, y la otra es demostrarle una clase verdaderamente especial de amor a una persona realmente especial. ¿Hay razones por las cuáles las personas no quieran tener un bebé por el momento? Cuando esas personas quieren demostrar esa clase especial de amor pero no quieren tener un bebé inmediatamente, hay cosas que pueden hacer para que el bebé no empiece a formarse. La mujer puede tomar una píldora que hace que el óvulo no baje o puede pedirle a un médico que le coloque algo que se llama un dispositivo intrauterino que impide que el espermatozoide y el óvulo se junten. El hombre puede utilizar un condón, que es una cubierta de látex muy apretada, en forma de tubo, que va sobre el pene y atrapa el semen. Todas estas cosas se llaman anticonceptivos porque están diseñadas para que el bebé no sea concebido. Como el óvulo aparece solamente una vez al mes, algunas parejas simplemente tratan de establecer cuándo sucede y de no tener relaciones sexuales durante esa parte del mes. A eso se le llama el método del ritmo. Ninguno de los métodos anticonceptivos es totalmente efectivo. Algunas veces las mujeres quedan embarazadas aunque estén tratando de evitarlo.

ABORTO: A veces, si una mujer tiene ciertos problemas de salud, el médico tal vez le diga que estar embarazada o tener un bebé la podría enfermar mucho, tanto que podría morir. En esta situación, si una mujer está tratando de no quedar embarazada, pero de todos modos queda, es posible que considere practicarse un aborto. El aborto se realiza cuando un médico la opera e impide que se desarrolle el bebé. Generalmente se hace al comienzo del embarazo, durante el primer trimestre (los primeros tres meses, o el primer tercio del embarazo de nueve meses, cuando el feto, el pequeñísimo bebé en formación, es todavía minúsculo, más pequeño que una uña).

(Nota: A dónde conduzca esta conversación a partir de este

punto está, obviamente, determinado por las convicciones, creencias y valores éticos que ustedes sustenten).

VIOLACIÓN: Nicolás, una de las peores cosas que una persona puede hacerle a otra es obligarla a tener una relación sexual. Cuando una persona más fuerte (generalmente un hombre) utiliza su fuerza para obligar a una persona más débil y más pequeña a tener una relación sexual, convierte lo más hermoso del mundo en lo más horrible del mundo. Se llama *violación* y es un crimen muy grave por el cual una persona puede ser encarcelada durante mucho tiempo. Una persona que ha sido violada se siente ultrajada y usada. Muy pocos hombres son lo bastante crueles e insensibles para intentar algo tan espantoso. Si estuvieras cerca de alguien así, probablemente tendrías la sensación de que esa persona tiene algo extraño o peculiar, y eso te servirá de advertencia para mantenerte alejado.

ABUSO SEXUAL: Una violación es, desde luego, la peor forma de abuso sexual, pero a veces la gente hace otras cosas, como, por ejemplo, tocarle las partes íntimas a alguien o decirles cosas groseras u obscenas a las personas u obligarlas a hacer cosas que no quieren hacer. Te repito, Nicolás, que son muy pocos los seres tan crueles o tan enfermos que sean capaces de hacerlo, así que no te preocupes. Pero, te lo digo de nuevo, si alguien te toca alguna vez de una manera que no te parece buena, o trata de convencerte de hacer algo que parece malo o extraño, ¡aléjate de esa persona tan pronto como puedas y ven a contármelo de inmediato!

Recuerda que casi todas las personas quieren a los niños y

nunca les harían nada malo. Probablemente tú nunca conocerás a una persona que trate de hacerte daño o que quiera forzarte a hacer cosas extrañas. Si alguien alguna vez trata de obligarte a hacer algo y no te deja escapar, ¡grita como loco! Todos los que están cerca querrán ayudarte y espantarás por completo a quien esté tratando de hacerte daño.

(Repítanle una y otra vez que, de 1000 personas, 999 le ayudarían a un niño y nunca le harían daño. Explíquenle que le están diciendo estas cosas para que él sepa qué quiere decir la palabra, no porque sea probable que suceda. Asegúrense de que Nicolás no termine la conversación con una sensación de preocupación o de miedo. Nota: A partir de la página 126 encontrarán un diálogo más extenso para advertirles a los hijos sobre el abuso sexual.)

PROSTITUCIÓN: Otra cosa muy triste relacionada con el sexo y que sucede con algunas personas se llama prostitución. Prostitutas son las personas que venden su cuerpo. Aceptan dinero de otra persona para tener relaciones sexuales con esa persona. Es como las rosas matrimoniales falsas que la gente estaba comprando en el cuento que te leímos anteriormente (ver página 63). ¿Recuerdas cómo se volvieron todas feas e hicieron enfermar a la gente? La prostitución es otra manera de convertir lo más hermoso del mundo en lo más feo. Nicolás, no debemos juzgar a las personas que son prostitutas; quizá han tenido una vida muy dura y horrible o tal vez necesitan el dinero desesperadamente, o quizá ellas también fueron de alguna manera víctimas de maltrato y abuso sexual. No las deberíamos juzgar, pero sí nos debería dar lástima de ellas y de quienes pagan para tener relaciones sexuales, porque están convirtiendo algo hermoso en algo triste y feo.

MASTURBACIÓN: A medida que los niños y las niñas entran en la pubertad, el pene del niño y el clítoris de la niña (situado por encima de la vagina, justo dentro de la vulva), que forman parte de los órganos sexuales, maduran y pueden tener una erección, o sea que reciben más sangre y se agrandan. Una erección puede también presentarse por frotarse el pene o el clítoris. Esto puede ser muy agradable y puede llevar a un orgasmo (el "estremecimiento delicioso" sobre el cual leímos cuando tenías ocho años y que ocurre cuando un hombre y una mujer tienen relaciones sexuales). Cuando una persona se frota el pene o el clítoris y llega al orgasmo, esto se llama masturbación. En el caso del niño, el semen (el fluido que contiene los espermatozoides) sale del pene durante el orgasmo. A veces los muchachos y las chicas tienen sueños sexuales y tienen erecciones o sensaciones sexuales mientras duermen. Si es un chico, posiblemente emita semen durante el sueño, lo que se llama polución nocturna o "sueño húmedo".

HOMOSEXUALIDAD: Como sabes, Nicolás, la mayoría de los muchachos al convertirse en hombres, se sienten sexualmente atraídos por las muchachas que se están convirtiendo en mujeres. A las niñas cuando están creciendo, generalmente les atraen los chicos. Los hombres quieren casarse con mujeres y tener relaciones sexuales con ellas, y viceversa. Así es como se conciben los bebés, como se forman las familias, y como el género humano se mantiene. Los hogares están configurados para que los niños puedan crecer, recibir amor y aprender, a fin de que puedan después casarse, formar su propio hogar y tener sus hijos. Algunas personas, sin embargo, por razones que no comprendemos del todo, se sienten sexualmente atraídas por personas de su mismo sexo. Un muchacho quiere compartir su intimidad con otro muchacho, una chica con otra chica. Una persona que se siente así y tiene algún tipo de relación sexual con una persona del mismo sexo es llamada homosexual o, en inglés, gay. A las mujeres homosexuales, se les llama con mayor frecuencia lesbianas. Te repito que no debemos juzgar a las personas homosexuales, pero puede tratarse de una situación muy triste, porque no permite que nazcan niños ni permite formar la clase de familia que puede tener una pareja heterosexual.

SIDA: Algunas enfermedades se contagian de una persona a otra a través de las relaciones sexuales. La más grave de estas enfermedades de transmisión sexual se llama sida, y a la larga causa la muerte. Para protegerse, la gente utiliza condones o preservativos, a fin de procurar que enfermedades como el sida no sean transmitidas de una persona a otra. A esto lo llaman "sexo sin riesgo", pero la mejor protección es reservar lo más hermoso y espectacular del mundo para una sola persona especial.

PORNOGRAFÍA: A veces cierta gente toma fotos de las partes del cuerpo que deberíamos mantener en la intimidad y tratar con pudor. Después exhiben esas fotos en revistas e incluso en videos o en

Internet, y eso se llama pornografía. El problema con la pornografía es que hace que la gente piense demasiado en el sexo y que piense en él de manera equivocada, en vez de recordar que es maravilloso y espectacular y que debería ser íntimo y personal.

Si él lo desea, permítanle a Nicolás conservar la lista de palabras y sus correspondientes definiciones y las notas que han elaborado juntos. Concluyan el diálogo positivamente, regresando a la noción positiva de cuán hermosas y espectaculares son las relaciones sexuales cuando se realizan entre dos personas que se aman y que se sienten comprometidas y mutuamente leales.

Advertencias sobre el abuso sexual y conversación más extensa sobre el tema

A la mayoría de los padres la simple idea de que a nuestros hijos les pueda hacer daño un pervertido sexual nos hace sentir físicamente enfermos. Si cuesta trabajo imaginarlo, mucho más trabajo cuesta hablar de ello. Si embargo, se estima que en los Estados Unidos una de cada tres niñas es víctima de alguna forma de abuso sexual alguna vez en su vida (estando, en este caso, el abuso ampliamente definido, de manera que incluye todo, desde el abuso verbal hasta la violación, pasando por las caricias y contactos ocasionales). El abuso contra niños varones es también escandalosamente común.

Debemos advertirles a nuestros hijos sin asustarlos. No decir nada porque albergamos la esperanza de que nada les va a suceder, es tal vez la peor de las perspectivas. Pero la siguiente peor perspectiva es decirles demasiado. Convertir a nuestros hijos, con su disposición a gozar, y su espíritu libre, en personas desconfiadas e inseguras, que ven en cada persona un agresor en potencia, coarta su libertad y los despoja de la infancia y de la inocencia.

Corresponde a los padres decidir qué grado de advertencia necesitan sus hijos y precisar con exactitud cómo presentarles los conceptos que se exponen a continuación, pero de ninguna manera debe hacerse caso omiso de estos conceptos. Según sea el estilo de vida y la situación de cada familia, el lugar en que vive y el grado de peligro a que se halla expuesto, es posible que ustedes quieran sostener este diálogo antes que su hijo cumpla los ocho años. En muchos casos, puede realizarse a continuación de las conversaciones preventivas que acabamos de presentarles. Gran parte de lo que en este caso se sugiere proviene de una amiga (miembro del grupo de trabajo clínico de un programa muy exitoso de tratamiento para jóvenes) que trabaja a diario con mujeres cuya vida se ha visto seriamente perturbada. Si bien es cierto que la mayoría de ellas tienen problemas con las drogas y con el alcohol, y con la expresión sexual de los conflictos, nuestra amiga dice que la raíz de casi todos los problemas es el daño a la autoestima que proviene de traumáticas experiencias de abuso sexual. Más del 90 por ciento de las pacientes han sido víctimas de abuso sexual.

DIÁLOGO

—Natalia, hablemos un poco más sobre el abuso sexual. [Hagan un repaso de la charla anterior, incluida en esta sección, si no la han utilizado recientemente.] Como decíamos, no son muchos los adultos con trastornos mentales relacionados con la sexualidad. La mayoría de quienes los padecen han tenido personalmente malas experiencias y no entienden lo especial y hasta sagrado que es nuestro cuerpo. Tienen impulsos muy fuertes de hacer y decir cosas que no son debidas ni adecuadas, a veces incluso a los niños. Aunque esperamos que nunca conozcas una de estas personas, queremos que sepas exactamente qué decir y hacer en caso de que te suceda algo que te asuste o te confunda. ¿Te parece buena idea?

[Natalia manifestará que está de acuerdo y es posible que haga preguntas.]

—En primer lugar, si una persona te dice cosas sexualmente crudas o trata de tocarte en forma indebida o en tus partes íntimas, sabe que lo que está haciendo no está bien, y seguramente te dirá que no les digas a tus padres. Ésta es la clave para que hagas exactamente lo contrario. ¡Búscanos y cuéntanos enseguida! Incluso si alguien dice que le hará algo malo a un miembro de tu familia si cuentas, no guardes secretos. Ven a decírnoslo ahí mismo. ¿De acuerdo? ¿Prometido?

—*Prometido.*

—¿Alguna vez te ha pasado algo así?

[Seguramente la respuesta será negativa, pero si perciben alguna duda o titubeo, indaguen un poco de manera que infunda tranquilidad.]

—Bueno, vamos a escenificar una posible situación. Hay cosas que seguramente nunca pasarán, pero si llegasen a pasar, ya sabes exactamente qué hacer. Haz como si yo fuera una persona a quien no conoces, que está al lado tuyo en el cine. De repente yo, con mucho sigilo, estiro la mano y empiezo a acariciarte la rodilla. ¿Qué clase de contacto sería ése?

—*Un contacto malo.*

—Exactamente: un contacto malo, de lo cual hemos hablado antes. Y lo que tienes que hacer es gritar muy fuerte, aunque te dé vergüenza: "¡POR FAVOR, NO ME TOQUE!" Eso es precisamente lo contrario de lo que esta persona extraña espera, y te dejará tranquila de inmediato.

(Escenifiquen esta situación, haciendo que su hija actúe. Que ensaye su grito fuerte, para que parezca más cómodo y lógico emplearlo si alguna vez se presentara la situación. Los agresores piensan que los niños son indefensos y totalmente ingenuos, y este elemento de sorpresa generalmente basta para frenar de inmediato el comportamiento indebido. El atacante busca personas vulnerables y generalmente escoge víctimas tímidas y tranquilas. Si el agresor percibe en la víctima potencial comportamientos firmes y decididos, generalmente buscará otra.)

(Escenifiquen otras situaciones, como la de que alguien se frote contra ella en una fila de espera. Díganle que pruebe de nuevo su grito fuerte de "¡NO ME TOQUE!" hasta cuando se sienta cómoda haciéndolo. Es bueno también que sus hijos ensayen a dar alaridos.)

Cuando ya sepan cómo se grita a todo pulmón, será más fácil "soltarse" si alguna vez llegase a ser necesario.)

—¡Oye, Natalia, sonaba muy real! ¡Muy bien! Hay toda clase de cosas que las personas que tienen ideas sexuales retorcidas pueden intentar para lograr que hagas lo que ellas quieren. ¿Qué harías si alguien detuviera el automóvil al lado tuyo cuando regresas a casa de la escuela y te pidiera que le ayudaras a encontrar su perro que se le ha perdido, o te dijera que te acercaras por unos caramelos que tiene en el auto?

—*Le diría: "¡Ni lo piense!" y me alejaría de allí.*

—Recuerda siempre que si alguien está tratando de hacerte daño, ¡lo mejor es hacer mucho ruido y salir de ahí a toda velocidad! También es importante no ir muy lejos sola. ¿Te sientes bien con eso?

[Respuesta.]

—Esta misma clase de personas pueden también hacer llamadas telefónicas al azar a las casas y decir cosas desagradables o que asustan cuando alguien contesta. Si eso te llegase a suceder, ¿qué harías?

[Ayuda y pistas]: —*Colgar sin decir ni una palabra, y si la persona vuelve a llamar enseguida, no contestar al teléfono.*

—¿Alguna vez te ha pasado algo así?

[Respuesta.]

—Natalia, la mejor manera de saber si lo que está diciendo o haciendo una persona es malo o peligroso es la manera como te hace sentir. Si de cualquier manera te sientes incómoda, sea quien sea, incluso si es de la familia o un amigo o un vecino, es en extremo importante que me lo cuentes. Dentro de ti tienes algo muy bueno, que se llama conciencia, que te dice lo que está bien y lo que está mal. Préstales atención a tus sentimientos y ¡hazles caso! Si un adulto te dice algo que parece indebido, ¡dile enseguida a alguien que te merezca confianza! ¿Crees que puedes hacerlo?

[Respuesta.]

Cuando terminen este diálogo, reitérenle cuánto la quieren y díganle que la razón de ser de esta conversación es que no quieren que nunca le pase nada malo. Tranquilícenla de nuevo en el sentido de que la mayoría de los adultos quieren a los niños, están siempre dispuestos a ayudarles y nunca les harán daño. Explíquenle que saber esto es como ponerse un cinturón de seguridad: probablemente no van a tener un accidente, pero si sucede, estarán protegidos. Que seguramente nunca va a sufrir un abuso de esa naturaleza, pero que si llegase a suceder, ya sabe cómo protegerse.

Si durante este diálogo descubren que su hijo sí ha sufrido algún tipo de abuso sexual, sean muy cuidadosos con la reacción que experimenten. Aunque es posible que sientan ira intensa contra el agresor, cuiden que sus comentarios sean serenos, llenos de empatía, amorosos y reconfortantes. Su hijo o hija ya se habrá sentido culpable en alguna medida. ¡Asegúrense de que sepa que no hizo nada malo! ¡Una reacción positiva y calmada tendrá un gran efecto en favor de la recuperación de su hijo o hija!

Una nota final: En mi infancia (yo, Linda), padecí el acoso sexual de un pariente que nos visitaba de vez en cuando. Me sentía muy incómoda desde el momento en que llegaba a mi casa hasta cuando se marchaba. Sabía que debía mantenerme muy alejada, pero lo que menos se me habría ocurrido era hablarlo con mis padres. Pienso que si me hubieran preguntado directamente si en mi vida había alguna situación sexualmente incómoda, les habría dicho. Estoy segura de que mis padres, que en paz descansen, no tenían ni idea de que había un problema y se hubieran quedado atónitos si les hubiera contado. Llevé en mi mente un gran peso y preocupación hasta cuando me hice adulta y pude entender lo que había sucedido. Hacer que nuestros hijos conozcan los posibles peligros y hablarles de cosas que tal vez ya los hayan hecho sentir incómodos, es uno de los grandes favores que podemos hacerles.

Fuera del círculo de familiares y amigos, hay "depredadores" que les pueden hacer mucho daño a nuestros hijos. Hace unos años, un hombre que se hallaba purgando prisión se enteró a través de un artículo periodístico de nuestros nombres, de lo que escribíamos y de nuestras actividades familiares. De alguna manera consiguió nuestra dirección y empezó a escribirnos. Nos explicaba que no tenía parientes vivos y que estaba solo y necesitaba amigos. Nos explicaba también que le gustaban en especial los niños y que le encantaría recibir algo de ellos. Nos escribió que había girado unos cheques falsos y lo estaba pagando caro. Sentimos compasión por este hombre cuya vida parecía tan desolada, sin familia y sin amigos. Nuestros hijos empezaron a hacerle dibujos y a enviarle encantadoras cartas. Para ellos era bueno sentir que le estaban ayudando a alguien necesitado de una familia, y sabíamos que él estaría encantado de recibir ese afecto infantil. Después que se habían cruzado algunas cartas, estábamos muy contentos de saber que era una persona amable y que evidentemente estaba arrepentido de lo que había hecho. Teníamos la esperanza de que tuviera una oportunidad de empezar una nueva vida al quedar libre.

Cuando se acercaba ya el momento en que quedaría libre, estaba emocionado, desde luego, y decía que no veía la hora de conocernos. Finalmente llegó el día de su liberación, e hicimos planes para encontrarnos con él en un restaurante en el centro de la ciudad. Unos días antes del emocionante suceso, Richard hizo un par de llamadas para conocer detalles de su condena. Tal vez ya hayan adivinado que este hombre había sido condenado por abusos deshonestos contra niños. Sobra decir que nuestros hijos nunca lo conocieron. Pero Richard y yo almorzamos con él. Se sinceró con nosotros y nos habló de sus aberraciones con franqueza. Creyendo con sinceridad que había cerrado un mal capítulo de su vida, nos habló libremente sobre su vida de abusador de niños. Nos confesó que esperaba a los niños desprevenidos en los baños de los cines y a veces de los supermercados. Evidentemente arrepentido, nos explicó que quería a los niños ¡demasiado! Aunque sentíamos pena por él, salí de ese encuentro físicamente enferma. Nunca volvimos a verlo ni a saber nada de él, pero me dio ese día una gran lección acerca de mi vulnerabilidad y mi ingenuidad.

¿Cómo podemos proteger a nuestras familias de estos individuos descarriados que les arruinan la vida a niños inocentes? ¿Cómo podemos protegerlos de esos agresores hábiles y poco dados al arrepentimiento? Ningún criminal es más temible ni más adicto que un pedófilo empedernido. E, infortunadamente, no existe una manera ciento por ciento segura de garantizar que nuestros hijos nunca se expondrán al peligro de encontrarse con uno de ellos. La mejor manera de salvaguardarlos es transitar por esa tenue línea divisoria entre advertir sin preocupar, preparar sin sermonear y hablar sin asustar. El abuso sexual contra los niños es tan común, que tenemos la enorme responsabilidad de proteger a nuestros hijos haciéndolos conscientes de cómo protegerse a sí mismos.

Una nota adicional: Los psiquiatras infantiles nos dicen que el peor mal, después del abuso sexual con los niños, es el mal manejo que pueden darles los padres a la noticia de que su hijo o hija —con mayor frecuencia, adolescentes— ha sido víctima de abuso sexual. La reacción más común, especialmente ante la confesión de un adolescente, es: "¡Qué estúpido! ¿Por qué estabas allí? ¿Estabas bebiendo, o consumiendo drogas? ¿Qué tenías en la cabeza que te dejaste meter en esa situación?" Al hacer sentir a los hijos culpables, los padres solamente logran empeorar la situación y amontonarle encima al muchacho o a la chica un peso todavía más grande de vergüenza. Lo que los hijos víctimas de abuso necesitan comprender es precisamente lo contrario de lo que sienten con total convicción: ¡que no tuvieron la culpa! Los niños y adolescentes víctimas de abuso sexual no tienen la culpa *jamás*.

Especialmente para los chicos varones

Si bien es cierto que la mayor parte de la información y de las conversaciones sobre sexualidad son igualmente necesarias y apropiadas para los chicos de uno u otro sexo, hay algunas que están especialmente relacionadas con los varones, mientras que otras son particularmente importantes para las chicas. Las sugerencias en esta sección cumplen mejor su función si las imparte un padre, u otro hombre de confianza que merezca respeto, al muchacho. De cualquier forma, una madre sola puede adaptar este diálogo para utilizarlo exitosamente con su hijo varón.

El diálogo de muestra que presentamos a continuación en forma de cuatro preguntas puede ser abordado en su totalidad o dividido en partes más cortas. Los objetivos son: contestar y adelantarse a las preguntas y mantener la comunicación abierta y un alto grado de confianza; proteger a un muchacho de los errores que podrían hacerle daño a él y a los demás; ayudarle a cultivar el respeto por las mujeres y a convertirse en un hombre gentil y en un caballero; y ayudarle a empezar a pensar en un matrimonio basado en la mutua igualdad, el apoyo recíproco y la generosidad.

Recordemos de nuevo que la selección de la oportunidad en que debe realizarse esta conversación, o estas conversaciones, debe basarse en la madurez, en el interés y en el nivel de curiosidad de los hijos, en algún momento entre los ocho y los doce años de edad.

Preguntas comunes

DIÁLOGO

—Gabriel, quiero hablarte de algunas preguntas que a veces tienen los niños de tu edad. Seguramente ya has oído algunas de ellas, y tal vez también tú tengas dudas sobre estos asuntos. Las responderemos juntos, y si tienes otras preguntas a medida que avanzamos, también puedes hacerlas, ¿de acuerdo? (Formule cada pregunta y esté atento a la clase de respuesta o a la respuesta parcial que da el niño. Elogie sus ideas y luego ayúdele a terminar cada respuesta.)

PREGUNTA COMÚN 1: ¿Por qué unos niños son mucho más fuertes que otros, ya tienen vellos en las axilas, en el pecho y en el pubis, e incluso ya se afeitan?

—La pubertad comienza a veces incluso a los once años en algunos niños y en otros tarda hasta los quince o dieciséis. Existen algunas ventajas en empezar temprano y algunas ventajas en empezar tarde. Pero también después de la pubertad, algunos hombres tienen más barba y vello que los otros. Cada persona es única. Ninguna persona es igual a otra. ¡Eso es lo maravilloso de la vida!

PREGUNTA COMÚN 2: ¿Por qué hay unos penes mucho más grandes que los otros?

—Por la misma razón: cada persona es única. Los chicos que

han llegado ya a la pubertad tienen el pene y los testículos dos o tres veces más grandes que los que no han llegado a esa etapa. Cuando también éstos hayan llegado a la pubertad, tendrán penes de tamaño aproximadamente semejante, pero algunos penes serán un poco más pequeños y otros un poco más grandes. El tamaño no importa en absoluto. Tener un pene más grande no significa que esa persona sea más hombre, ni más fuerte, ni mejor en su desempeño sexual.

(Nota a las preguntas 3 y 4: Hablarles a los hijos de las poluciones nocturnas o "sueños húmedos" y de la masturbación antes de que ocurran, o muy tempranamente después de que han empezado, tiene sus ventajas.)

PREGUNTA COMÚN 3: ¿Son malas las poluciones nocturnas o "sueños húmedos"?

—No, son completamente normales. Cuando los testículos producen semen, necesitan una manera de deshacerse del esperma sobrante cuando están llenos. Las poluciones nocturnas o "sueños húmedos" sirven para eso. Y los sueños en sí mismos, con chicas, o con imágenes sexuales, o con la desnudez, no tienen ningún problema. Son simplemente sueños, y todos los muchachos normales los tienen.

PREGUNTA COMÚN 4: ¿Es mala la masturbación?

La diferencia entre los "sueños húmedos" y la masturbación es que uno puede ejercer cierto control sobre la masturbación.

Todo el mundo al menos experimenta con ella. Pero puede ser un problema si se convierte en un hábito, o sea que se haga con demasiada frecuencia. Es como diluir algo (utilice un ejemplo, como el de ponerle demasiada agua a un jugo de naranja.) Si uno tiene demasiada actividad sexual de una manera que no es la mejor, esa actividad podría dejar de ser única y volverse menos emocionante, y no tan intensa ni tan especial como si se reserva para el mejor momento.

No trates de evitar pensar en la sexualidad, porque es imposible. Pero cuando empieces a pensar en algo relacionado con la actividad sexual, piensa en lo hermoso y espectacular que puede ser realizarla con la esposa hermosa y especial que tendrás algún día. Piensa en la actividad sexual que se realiza de la mejor manera, con alguien a quien amas completamente y a quien conoces completamente. Si tratas de hacer esto, no tendrás deseos de masturbarte con tanta frecuencia, y cuando lo hagas, por lo menos estarás pensando en la mejor clase de actividad sexual, que algún día realizarás con tu esposa. ¡Pensar así te ayudará a reservarte para ella!

Qué significa ser un hombre gentil

DIÁLOGO

—Pablo, ¿qué crees que significa ser un caballero?

—*Tener buenas maneras, ser cortés.*

—Bueno, puede significar algo más. En otros tiempos al caballero también le decían gentilhombre. Separa la palabra en dos partes: gentil hombre u hombre gentil. ¿Qué querría decir ser un hombre gentil?

—*Ser amable, ser bueno, no hacerle daño a la gente.*

—Exactamente. ¡Es tan importante ser bueno y amable y gentil con todos! ¿Qué sería lo contrario de ser un hombre gentil?

—*Alguien que es malo y brusco y que le hace daño a la gente o hiere sus sentimientos.*

—Muchas veces en las películas o en la televisión muestran hombres machistas que golpean a las personas, o destruyen automóviles y le gritan a la gente, pero tú sabes que así no son la mayoría de los hombres en la vida real, ¿verdad?

—*Sí, lo sé.*

—Ahora bien, Pablo: ¿quiénes son generalmente más fuertes y más grandes, los hombres o las mujeres?

—*Los hombres.*

—Puesto que generalmente son más grandes, ¿crees tú que eso significa que los hombres son mejores que las mujeres o que deberían mandarlas?

—*No.*

—Desde luego que no. Eso sería ridículo, porque los hombres y las mujeres son iguales, ¿verdad? Ninguno de los dos es siquiera un poquito mejor que el otro, ¿verdad?

—*Verdad.*

—Muy bien, Pablo. ¿Y cómo llamamos a alguien que golpea o trata groseramente a una persona más débil o pequeña que él?

—*Matón y cobarde.*

—Sí. ¿Y como llamarías a un hombre que actuara de esa manera con una mujer o a un marido que tratara así a su esposa?

—*El peor de los matones.*

—Exacto, y a veces a esa conducta se le llama maltrato marital o maltrato conyugal. ¿Por qué obrarían así algunos hombres?

—*Por estúpidos.*

—Sí, o tal vez actúen así por inseguridad, o porque están deprimidos o desesperados, o simplemente porque quieren probar de alguna forma que son más fuertes o mejores que alguien. O tal vez fue así como vieron que su padre trataba a su madre.

Pablo, todos los seres humanos que conozcas, tanto hombres como mujeres, serán mejores que tú en cierta forma y peores en cierta forma. Pero todos los seres humanos somos iguales. Todos los hombres, mujeres y niños merecen tu respeto y amabilidad. Nada me hace sentir más orgulloso de ti que cuando eres un caballero y un hombre gentil. (Nota: inmediatamente después de esta charla, estén especialmente atentos a cualquier acto de cortesía o gentileza de su hijo, y háganle muchos elogios.)

Cómo evitar el sexismo, los irrespetos y el donjuanismo

DIÁLOGO

—Samuel, hablemos un poco más sobre el respeto, la sensibilidad y la caballerosidad. Cuando oyes un cuento obsceno o cuando oyes a los muchachos hablar de las chicas como si fueran solamente algo con lo cual tener relaciones sexuales, ¿te parece que esas actitudes están bien?

—*No, todo lo contrario: se están portando como estúpidos.*

—Cuando los muchachos hablan sobre el tamaño de los senos de las chicas, o sobre sus nalgas, o sobre las cosas sexuales que les gustaría hacerle a una muchacha, ¿están mostrando respeto?

[Ayuda y pistas]: —No, están pensando en ella como un objeto y no como una persona. Están pensando como animales y no como hombres de verdad.

—¿Qué puedes hacer si te vienen a la mente pensamientos de esos?

[Ayuda y pistas]: —Puedo ayudarme a mí mismo a recordar que las muchachas son exactamente iguales a los muchachos y que merecen respeto y amistad verdadera. Y puedo recordarme de nuevo a mí

mismo que las relaciones sexuales en el momento indicado con alguien a quien amo totalmente es lo más hermoso y espectacular del mundo y que merece la pena esperar.

—Cuando estés en edad de salir con muchachas, ¿por qué crees que vas a querer hacerlo?

—*Para pasar un rato agradable, para conocerlas, y para aprender de ellas y que ellas aprendan de mí.*

—¿Y qué opinas del muchacho que invita una muchacha a salir simplemente para ver hasta dónde la puede llevar sexualmente, cuánto puede besarla y hasta qué punto puede tocarla?

[Ayuda y pistas]: —Está pensando en ella como objeto y no como persona, sin respeto, sin sensibilidad, todo lo contrario de como piensa un caballero.

—¿Y qué me dices del tipo que se jacta ante sus amigos sobre lo que hizo con una muchacha y hasta dónde llegó con ella?

—*Que es un total estúpido. Simplemente está demostrando que no tiene ni idea sobre el respeto y la igualdad y sobre ser un caballero.*

—¿Qué debes hacer si oyes a los muchachos hablar así?

[Ayuda y pistas]: —No hacerles caso. O si es un buen amigo mío, esperar la oportunidad para estar a solas con él para decirle que es mi amigo y que me cae bien, ¡pero que me parece que lo que está haciendo es una falla!

Especialmente para niñas

Enfocamos de manera ligeramente diferente los temas pertinentes a las niñas entre los ocho y los doce años. Más allá de las conversaciones directas que se utilizan con los niños, es importante entender la dinámica social y cultural que tiene un poderoso efecto sobre las niñas preadolescentes de nuestra sociedad.

Nos guste o no, lo que las niñas preadolescentes y las adolescentes más necesitan saber es cómo protegerse, no solamente de algunos "depredadores" y de la presión de sus compañeros para llevarlas a tener relaciones sexuales peligrosas y precoces, sino también de las normas sociales y culturales que tratan de obligarlas a crecer demasiado pronto, a verse y comportarse de tal y cual manera y a juzgarse demasiado por su apariencia.

Primero trataremos sobre algunas preguntas comunes, como lo hicimos con los chicos, pero de ahí pasaremos a reflexionar un poco sobre la protección y sobre la conservación de la espontaneidad, la individualidad y la seguridad que demasiadas niñas entre los ocho y los doce años comienzan a perder.

Preguntas comunes

DIÁLOGO

—Valeria, ¡crecer es tan maravilloso! Es la aventura más emocionante del mundo, porque suceden muchas cosas. Como cualquier aventura, algunos episodios parecen temibles o son un poco difíciles de entender. ¿Tienes algunas preguntas que te hayan surgido desde cuando hablamos de la pubertad, sobre tu cuerpo, o sobre cualquier cosa que tengas pensada?

[Respuesta.]

—¿Sabes, Valeria?, a veces las respuestas pueden llegar antes que las preguntas. Hay algunas cosas que las niñas con frecuencia se preguntan..., tal vez niñas un poco mayores que tú. ¿Qué tal si hablamos de esas cosas ahora, de manera que tengas por anticipado las respuestas para cuando las necesites? ¿Te parece bien?

—*Me parece bien.*

—Te diré las preguntas más comunes, una a una. Mira a ver hasta dónde puedes contestarlas, y en seguida conversamos un minuto tú y yo sobre ella.

(En cada pregunta, simplemente conversen juntas, haciendo que ella participe al máximo, hasta que hayan tratado sobre todos los aspectos principales.)

PREGUNTA COMÚN 1: ¿Por qué algunas niñas se desarrollan mucho más rápido que las demás?

—La pubertad puede empezar temprano, incluso a los nueve o diez años en algunos casos, y a veces tarde, a los catorce o quince. De cualquier forma, no debe ser motivo de preocupación. Cada persona tiene un cuerpo único, y la duración de sus etapas de crecimiento, su tamaño y su forma son diferentes de las de cualquier otro cuerpo. La actitud más inteligente es disfrutar de los cambios y sentirse feliz con los resultados. Es emocionante ver en quién nos convertiremos. Todos tenemos aspectos de nuestro cuerpo que nos gustan y cosas que nos gustaría que fueran diferentes. Pero es bueno ser tú misma y saber que ¡no hay ninguna otra persona exactamente igual a ti!

PREGUNTA COMÚN 2: ¿Cuándo me llegará la regla? Es decir, ¿cuándo tendré mi primera menstruación?

—La llegada de la menstruación puede variar mucho: puede llegar en cualquier momento entre los once y los dieciséis años de edad. Unos seis meses antes de que te venga la primera regla, probablemente notarás la presencia en tu ropa interior de algo amarillo claro, llamado flujo. Esto significa que las cosas se están alistando para empezar. Y cuando la regla aparezca, seguramente será bastante irregular durante algún tiempo, incluso durante algunos años. Podrás tener una al mes durante dos o tres meses, y después pasar dos meses sin regla. Finalmente se regularizarán y desde entonces casi siempre se presentarán una vez al mes.

PREGUNTA COMÚN 3: ¿Qué tan enfermo se siente uno con la regla?

—No estarás propiamente enferma, pero puedes sentirte mal. A veces tienes cólicos, que son una sensación incómoda que se presenta al comienzo del período, pero hay medicamentos que pueden ayudar a aliviar la incomodidad muy rápidamente. Síndrome de tensión premenstrual (o para abreviar, STPM) es el término que se utiliza para describir los sentimientos que pueden aparecer justo antes de que se inicie el período. Puede hacer que te sientas deprimida, enojada, agitada, extraña, torpe y de genio voluble. También puede hacer que sientas antojo de determinados alimentos.

(Nota: Ésta podría ser una oportunidad maravillosa para compartir con su hija las experiencias de su primera menstruación, si no lo ha hecho ya. De ese modo, su hija probablemente se sentirá emocionada de poder compartir con usted su propia experiencia cuando llegue el momento.)

PREGUNTA COMÚN 4: ¿Cuándo tendré senos y de qué tamaño serán?

—Siento darte respuestas tan parecidas, pero para cada niña es diferente. Los senos se demoran unos cinco años en desarrollarse del todo. He aquí la secuencia: En primer lugar notarás que los pezones aumentan de tamaño. Tendrás primero "botones de senos", que inicialmente serán puntiagudos y un poco irregulares. Notarás la presencia de más olores corporales y empezarás a utilizar desodorante. Se te ensancharán las caderas, y notarás que aparece vello púbico liso. Te saldrá vello en las axilas. Los pezones se oscurecerán. A medida que se operan estos cambios, los senos seguirán desarrollándose, y más o menos tres años después de que hayas notado el comienzo del crecimiento de los senos, más o menos en el momento en que el vello púbico forma un triángulo completo, tus senos estarán muy cerca de su total desarrollo.

PREGUNTA COMÚN 5: Mi vulva está cambiando y se ve rara. ¿Es normal?

—Sí. La vulva tiene dos pares de labios: los labios mayores y los labios menores. Los labios menores o ninfas son con frecuencia arrugados y tienen una superficie rugosa; y su color es entre marrón y rosado.

PREGUNTA COMÚN 6: ¿Y qué me dices de los granos, los olores durante la menstruación, las estrías en la piel y las fantasías o pensamientos sexuales?

–En primer lugar, todas esas cosas son normales. En los granos se pueden aplicar medicamentos y es mejor no tocarlos ni apretarlos. Es posible que notes algún olor durante la menstruación, pero si te cambias con frecuencia la toalla higiénica, los demás no lo notarán. (Generalmente en los colegios, como parte de los programas de educación sexual, se les habla a las niñas sobre las toallas higiénicas y sobre los tampones. Ésta puede ser una buena oportunidad para explicárselo en detalle.) Es posible que aparezcan estrías en aquellos sitios de la piel en que has crecido demasiado rápido. Se irán borrando a medida que te haces mayor. Los pensamientos y fantasías sexuales forman parte de la pubertad y desarrollo de chicos y chicas.

PREGUNTA COMÚN 7: ¿Por qué me estoy engordando?

—Lo más probable es que no te estés engordando. A veces las niñas creen que se están engordando cuando en realidad simplemente están experimentando los cambios normales de la pubertad. A veces las revistas y la televisión les hacen creer a las chicas que deberían verse de cierta forma, muy delgadas y *chic*. (Veáse la exposición que sigue a continuación acerca de Ofelia.) A veces las chicas se preocupan tanto de verse gordas que les da anorexia, no comen lo suficiente y se vuelven muy delgadas y enfermizas, o les da bulimia, que consiste en vomitar después de comer. La anorexia y la bulimia son enfermedades muy graves. Lo que debes recordar es que la mejor manera de sentirte y verte bien es estar sana. Y eso lo logras alimentándote con comidas sanas y procurándote descanso y ejercicio.

Cómo evitar el síndrome de Ofelia

¿Qué pasa con las niñas de hoy? (o Reviviendo a Ofelia), exitoso libro de Mary Pipher, ha constituido una voz de alerta para cientos de miles de padres de muchachas adolescentes en todos los rincones del mundo. Relato tras relato, Pipher describe chicas adolescentes y preadolescentes que han crecido demasiado rápido, cuyas vidas están sumidas en el caos y una situación angustiosa de depresión y sentimiento de culpa. Una y otra vez se refiere a niñas de diez y once años, despreocupadas, naturales, con mentes creativas e interesadas

en todo, desde los deportes hasta la naturaleza, capaces de adaptarse a cualquier situación, independientemente de las limitaciones impuestas por las diferencias de sexo, sin preocuparse si su comportamiento es considerado femenino o masculino. De pronto, como resultado de las influencias culturales y de los medios de comunicación, muchas de estas niñas se vuelven como lujosos paquetes envueltos en su propia adolescencia, obsesionadas tan sólo por la manera como lucen y como las ven los demás y, muy especialmente, preocupadas por cómo complacer a los demás.

El libro se basa en la historia de un personaje de *Hamlet*, la obra de Shakespeare: Ofelia, quien en su juventud se obsesiona con el deseo de complacer. Se halla dominada por quienes tratan de moldearla a imagen y semejanza de la clase de mujer con la que se casaría Hamlet. Se convierte en una ficha, controlada por personas que la están utilizando para alcanzar sus propios objetivos. En su libro, Pipher atribuye los problemas de muchas adolescentes a esta misma necesidad de agradar y de sentirse aceptadas. Las representaciones eróticas y glamorosas en revistas, programas de televisión y películas, de la "mujer deseable" se convierten en el modelo de lo que las muchachas jóvenes piensan que deberían ser y de lo que supuestamente se requiere para agradarles a los demás. Al tratar de pasar de un salto de ser niñas a ajustarse a esta nueva imagen imposible, las chicas que inician su adolescencia pierden gran parte de su espontaneidad e individualidad así como de su inocencia. Muchas de ellas, incluso, pierden veinte o treinta puntos de su cociente intelectual.

Tan pronto como leímos *¿Qué pasa con las niñas de hoy?*, empezamos a hablar con nuestra hija Charity sobre lo que llamamos el complejo de Ofelia. En ese entonces tenía diez años, y estaba al borde de los peligros que describe Pipher. En esencia, nuestra conversación fue más o menos la siguiente:

DIÁLOGO

—¿Sabes, Charity?, algunas niñas de tu edad empezarán a preocuparse montones por su apariencia física. Verán fotografías de gente hermosa en revistas y en televisión, o en el cine, gente a quien piensan que deben parecerse. Verán a niñas de bachillerato que son hermosas y parecen estarse divirtiendo mucho. Llegarán a pensar que verse "sexy" es más importante que cualquier otra cosa en su vida. ¿Sabes lo que eso significa?

—*Creo que sí.*

—¿Te parece que algo así está sucediendo con alguna de tus amigas?

[Respuesta. Charity mencionó a dos amigas que ya no querían "jugar" y que se maquillaban y estaban tratando de parecer mayores de lo que eran.]

—¡En cierto modo, es verdaderamente triste que los niños quieran crecer tan rápido! Piensa en eso un instante. Ahora tienes once años. ¿Cuánto tiempo crees que te queda de niñez?

—*Unos pocos años, máximo.*

—Precisamente. Vas a tener que crecer bien pronto, de todos modos. ¿Hay alguna razón para tener prisa?

—*No, yo no quiero crecer demasiado pronto.*

—¡Tanto mejor! La niñez es un gran privilegio y también es muy divertida. A veces quisiera ser niña de nuevo, porque lo pasé muy bien, aunque realmente no me daba cuenta de que sólo sucedería una vez en la vida y de que después nunca más volvería a ser niña.

(Entonces, nos adentramos con Charity en el tema de Ofelia. Estaba genuinamente fascinada y un poco preocupada, lo suficiente para asegurarnos a nosotros, y a ella misma, que no quería que eso les sucediera ni a ella ni a ninguna de sus amigas. Desde ese momento ha sido un tema maravillosamente abierto. Cuando observamos a alguien que trata con demasiado empeño de crecer demasiado pronto, Charity nos hace caer en la cuenta y dice: "Ay, ay, cuídate, Ofelia"; o cuando notamos que Charity muestra algunos de los "síntomas", le decimos: "¿Qué está pasando, Ofelia?" Siempre está presta a tranquilizarnos, en el sentido de que todavía es una niña y de que quiere seguir siéndolo otro buen rato.)

"Depredadores": quiénes son y cómo evitarlos

En algún momento nos pareció que *depredadores* era una buena palabra para emplearla al hablar con los niños. Nos pareció que al explicarles el significado de la palabra en el mundo animal: un animal que convierte en su presa a los jóvenes y débiles, podríamos aumentar su nivel de protección.

Desde entonces hemos cimentado nuestra convicción de que con los niños el enfoque positivo de la sexualidad como algo "hermoso y espectacular" era poderoso y motivador. Somos, por lo tanto, muy cuidadosos cuando se trata de producirles cualquier grado de miedo por encima del estrictamente necesario. Un diálogo como el siguiente puede ser de ayuda sin resultar demasiado atemorizante.

Estamos tratando en este caso con un tipo de "depredador" menos siniestro y calculador que los pedófilos y los abusadores a que nos referimos anteriormente. Estos "depredadores" más comunes, que ciertamente no se definirían a sí mismos como tales, son muchachos mayores y hombres que invitan a salir a chicas menores y las manipulan.

En los Estados Unidos, mucho más de la mitad de los embarazos de adolescentes son causados por un hombre por lo menos cuatro años mayor que la adolescente embarazada. La simple verdad es que lo más eficaz que podemos hacer para evitar que se metan en problemas es ayudarles a las hijas y animarlas para que empiecen lo más tarde posible a aceptar invitaciones de hombres, al menos hasta los dieciséis o diecisiete años, y que entonces salgan con muchachos más cercanos a ellas en edad.

DIÁLOGO

—Amanda, ¿a qué edad crees que querrás casarte?

[Respuesta.]

—La edad promedio en que se casan en los Estados Unidos las mujeres que han asistido a la universidad es veinticuatro o veinticinco años. Tienes once, así que ¿cuántos años te faltan?

—*Trece o catorce.*

—Eso es bastante tiempo, Amanda. Incluso cuando tengas quince, todavía te faltarán nueve o diez años. ¿Crees que hay alguna razón para tener prisa en empezar a aceptar invitaciones a salir con muchachos?

—*Realmente no.*

—Yo tampoco lo creo. ¿Te parece que algunas chicas empiezan a salir con muchachos demasiado pronto?

[Respuesta.]

(La mayoría de las niñas menores de doce años no sienten especial ansiedad por salir con muchachos, así que fácilmente estarán de acuerdo.)

—¿Cuáles podrían ser algunos de los problemas de empezar a salir con muchachos demasiado pronto?

[Ayuda y pistas]: —Cuando se es muy joven, es un poco incómodo estar a solas con un muchacho toda una velada. Puede ser un poco vergonzoso, y pueden perderse muchas cosas divertidas con los amigos, o muchas actividades divertidas en grupo. Es posible que exista presión para hacer cosas sexuales mucho antes de estar lista.

—Pero ¿de todos modos una chica se puede divertir con muchachos y tener amigos varones si no está saliendo regularmente con ninguno?

[Ayuda y pistas]: —Claro. Hay fiestas de cumpleaños y actividades de grupo y cosas de la escuela.

—Hay dos formas de salir con alguien, como tú sabes. Una es en grupo, de manera que estás con un muchacho pero en medio de un gran grupo y nunca estás a solas con él. Incluso al pasar por ti o al traerte a casa, siempre estás por lo menos con otra pareja en el auto. La otra forma de salir es a solas, solamente tú con un muchacho. ¿Cuál crees que es la mejor edad para empezar cada una de estas formas?

[Tema de discusión: Saque a relucir todas las razones que se le ocurran en el sentido de que es mejor esperar hasta la secundaria, más o menos hasta el noveno grado, para salir con un muchacho en grupo, y hasta los dieciséis años, más o menos, para salir a solas con él. Hágale caer en la cuenta de que las niñas que esperan todo ese tiempo generalmente se divierten más antes y después de haber empezado a salir con un muchacho. Antes de salir con él, disponen de más tiempo para estar con su grupo de amigas y amigos de siempre. Cuando empiecen a hacerlo, estarán socialmente más preparadas para ello, y es más emocionante y significativo.]

—Amanda, otra cosa: cuando empieces a hacerlo, ¿crees que debes salir con muchachos de qué edad?

—*No sé. De mi edad, supongo..., o mayores.*

—Pues bien: te voy a dar un dato interesante, respecto al cual quiero que estés atenta en los años venideros y sobre el cual tal vez también debas advertir a tus amigas. La mayoría de las adolescentes que quedan embarazadas o, cuando menos, las convencen de tener relaciones sexuales demasiado pronto, les ocurre con muchachos por lo menos cuatro años mayores que ellas. ¿Qué conclusión sacas de este dato?

—*Que una chica no debe salir con muchachos mucho mayores que ella.*

—Exactamente. De todos modos, tampoco es muy divertido. Es bueno estar con muchachos de la misma edad, mayores uno o dos años. Claro que apenas tienes once y no necesitas pensar mucho todavía en el asunto de salir con muchachos. Pero no sobra ir pensando cuándo es mejor empezar y cuáles son el tipo y la edad de los muchachos con los que querrás salir algún día.

"He pasado por eso": Una charla breve para sentar precedentes

El factor más sobresaliente de cuantos animarán a su hijo a ser franco y comunicativo con ustedes en relación con el sexo es la noción de que ustedes no solamente entienden una situación, sino que "han pasado por eso". Puede ser difícil para los niños darse cuenta, o incluso imaginar, que ustedes una vez tuvieron su edad, que tuvieron experiencias y sentimientos semejantes a los de ellos. Pero les encanta imaginarlo, y les fascinan todos los relatos que les puedan contar sobre ustedes cuando tenían su edad.

Estos relatos cumplen por lo menos cinco importantes cometidos:

1. Les dan tranquilidad a sus hijos en el sentido de que son normales y en el sentido de que lo que les pasa le ha sucedido a todo el mundo.

2. Les demuestran que ustedes confían en ellos y los animan a confiar en ustedes.

3. Hacen que sus hijos tengan conciencia de que ustedes realmente los entienden y sienten empatía hacia ellos, y que no los juzgarán.

4. Animan a sus hijos a compartir sus sentimientos y experiencias con ustedes.

5. Sientan un precedente que permite que ustedes compartan con sus hijos sus propias experiencias a medida que ellos inician su propio proceso de salir con personas del sexo opuesto.

El momento de relatar un episodio del tipo "he pasado por eso" se presenta generalmente cuando su hijo da a entender o dice directamente que algo le ha sucedido, y eso le recuerda a uno de ustedes algo que vivió. No le relaten experiencias que vayan mucho más allá de lo que le ha sucedido a su hijo; eso podría animarlo también a ir más allá, a sobrepasar en audacia las experiencias del padre o de la madre. Traten de pensar en algo semejante a lo que su hijo les ha relatado o a lo que su instinto de padres les dice que le ha sucedido.

DIÁLOGOS

(Ustedes se han enterado de un acto de curiosidad que su hijo, cuando contaba seis o siete años, tuvo con una niña.)

—David, tal vez te sucedió algo muy parecido a lo que me ocurrió a mí. Estaba una vez en una reunión de familia, cuando tenía seis años, creo, o quizá siete. Una de mis primas estaba allí: cursaba el mismo grado que yo pero vivía en otra ciudad, así que no la veía con frecuencia. Estábamos jugando a las escondidas o a algo por el estilo, y ella de pronto me propuso: "Juguemos al médico". Primero yo era el médico, y ella se quitó la ropa, y luego ella era la médica, y yo me quité la ropa. Creo que simplemente sentíamos curiosidad sobre cómo era el cuerpo del otro. A muchos niños les pasa eso; no es nada del otro mundo.

(Su hija ha tenido una experiencia embarazosa con sangre o alguna mancha durante uno de sus primeros períodos.)

—Cristina, me acuerdo muy bien de lo que me pasó un día cuando estaba en la escuela y tenía más o menos tu edad. Me había venido la regla un par de veces, pero no eran todavía muy regulares ni previsibles así que no sabía cuándo debía usar una toalla higiénica. Un día estaba en clase y de pronto sentí algo. Me amarré el suéter alrededor de la cintura y, tan pronto llegó la hora del recreo, salí y regresé a casa a pie. Resultó ser simplemente un poco de sangre y seguramente nadie la hubiera visto, pero me sentí muy incómoda.

Las charlas del tipo "yo pasé por eso" son, obviamente, mejores entre padre e hijo y entre madre e hija, pero una madre que tiene que velar por sus hijos sola puede emplear, al hablar con su hijo varón, una versión modificada, al igual que un padre con una hija.

Recuerden que el propósito de las charlas del tipo "yo he pasado por eso" es tranquilizar a sus hijos en el sentido de que son normales y que ustedes los entienden. También los pone a ustedes en situación de poder enseñar y aconsejar, de poner énfasis en las similitudes con ustedes y de renovar el compromiso de ser francos, como se muestra en los siguientes ejemplos:

—¿Sabes, David?, al verano siguiente vi a mi prima, que había crecido mucho, y creo que yo también había crecido, así que no seguimos jugando al médico. Creo que ambos nos dimos cuenta de que simplemente habíamos tenido curiosidad y que ya no necesitábamos esa clase de juego. Seguramente lo mismo te sucederá a ti, ahora que estás creciendo y sabes sobre el papel que desempeñan las relaciones sexuales y todo lo hermosas que pueden ser.

—Cristina, ¿verdad que es interesante lo parecidas que somos? También yo estuve preocupada exactamente por lo mismo que tú. Somos tan semejantes. Pero creo que casi todas las jóvenes tienen una experiencia similar cuando están tratando de acostumbrarse a sus períodos. Me gusta saber lo que estás pensando y lo que te está sucediendo. ¡Me recuerda tanto la época en que yo tenía tu edad! Cuéntame siempre que tengas experiencias por el estilo de la anterior, ¿de acuerdo?

Novios y novias, en contraposición con amigos y amigas

Para muchos niños de "edad mediana", la prepubertad es una época en que existe cierta confusión en cuanto a las relaciones con el sexo opuesto y a la cuestión de los novios y las novias. Por una parte, todavía no están muy interesados en el asunto, pero por otro lado la presión de los compañeros y la "norma cultural" les dice que deberían estar "saliendo con alguien" (lo cual significa estar "emparejado" con alguien, más que aludir al hecho real de salir a alguna parte). Se les pregunta: "¿con quién estás saliendo?" o "¿quién te gusta?", o "¿quién es tu novia?". Y necesitan tener algún tipo de respuesta. No hay nada dañino en esta especie de "juguemos a emparejar", excepto que puede acelerar lo real. Una o dos charlas como la siguiente pueden ayudar a reducir la presión que sienten los muchachos y darles licencia para prolongar otro poco el tiempo de ser niños. Pueden servir también de medio para aplazar el advenimiento de las salidas en serio y puede incluso ayudar a retrasar el crecimiento social precoz que expone a los niños a un riesgo mayor.

DIÁLOGO

—A veces los niños dicen que "andan con alguien" o que les gusta alguien, pero ¿qué es salir en serio?

[Ayuda y pistas]: —Es ir de veras con una muchacha a un lugar, a un cine, o a una fiesta, o a algo por el estilo.

—Exactamente. Conozco muchos chicos de tu edad que dicen que están saliendo con alguien o que tienen una novia, y eso está bien, ¿pero por qué crees que para salir en serio se debe esperar hasta más tarde, digamos hasta los quince o dieciséis años?

[Ayuda y pistas]: —Porque para entonces estarás en edad de disfrutarlo y de estar seguro... y de conducir auto para llegar a donde quieras ir.

—Muy bien, Antonio. ¿Existe alguna diferencia entre una amiga y una novia?

—*Sí, una amiga es simplemente como un amigo, sólo que es mujer.*

—Exactamente. ¿Está bien que un muchacho de tu edad tenga cuantas amigas quiera?

—*Sí.*

—Claro que sí. Y en los años siguientes vas a tener muchos amigos y muchas amigas. Irás a partidos y a fiestas, y te divertirás, y puedes esperar, para tener novia, a que haya pasado más tiempo. ¿Estás de acuerdo?

Mayores de doce: cómo adaptar para niños mayores los diálogos y las conversaciones

Ya hemos dicho que, si su hijo es mayor de doce años, será necesario modificar muchas de las charlas precedentes. Ahora concretaremos un poco la recomendación y presentaremos algunas sugerencias a los padres de un muchacho entre los doce y los quince años.

Presenten la "charla de los ocho años" y las de la pubertad más como un repaso y una manera de aclarar que en plan de enseñanza o información. Al hacerlo, sean sinceros y francos.

DIÁLOGO

—Lorenzo, ya sabes que no somos en absoluto perfectos como padres. Siempre deseamos haber hecho mejor algunas cosas, pero queremos que sepas que estamos haciendo un esfuerzo ¡porque te amamos con todo nuestro ser! Una de las cosas que quisiéramos haber hecho mejor es enseñarte más acerca del sexo cuando estabas más pequeño. Has aprendido más sobre el sexo en la escuela, con los amigos, el cine, la televisión y otros medios de comunicación que a través de mí. Está bien, porque eres un chico maravilloso y creo que seguramente entiendes las cosas bastante bien, pero hubiera querido que nosotros hubiéramos hablado contigo más sobre el sexo, y que lo hubiéramos hecho antes. Nos gustaría reparar esa falla en cierta forma hablando ahora contigo de ciertas cosas. ¿Te parece bien?

[Respuesta.]

—Lorenzo, te diré lo que queremos hacer, si no tienes inconveniente. Me gustaría decirte ahora algunas cosas sobre el sexo que quisiera haberte dicho unos años atrás. Muchas de ellas ya las sabrás. Será, en cierto modo, un repaso, y me permitirá compartir contigo mis sentimientos acerca de ciertas cosas. ¿Te le mides?

[Respuesta.]

—¿Sabes, Lorenzo?, recuerdo cuando tenía tu edad. De veras me acuerdo, y las cosas no eran tan diferentes de como son ahora. Quiero que entre tú y yo podamos hablar de cualquier cosa, incluso de asuntos sexuales. Si me permites repasar ciertas cosas relacionadas con el sexo, cubriremos muchos aspectos que ya sabes, pero quizá aprendas también algo nuevo. Y eso nos hará sentir más cercanos de manera que me puedas preguntar cualquier cosa cuando lo necesites. ¿De acuerdo?

Pueden empezar con la "charla de los ocho años" que presentamos atrás, adaptando la manera de presentarla, para que se convierta más en un repaso, y haciendo frecuentes pausas para preguntar: "¿Sabías eso?" o "¿Qué tanto sabías acerca de eso?"

Durante las siguientes semanas, lleven adelante cada una de las charlas de seguimiento de la manera como se muestra. Muchas de ellas están escritas para niños de doce años, y se pueden adaptar con facilidad para niños ligeramente mayores.

Pero una cosa es clara: es más difícil hablarle sobre sexualidad a un chico mayor. Puede incluso ser mucho más difícil, según sean su edad, nivel de comunicación existente, sus compañeros y el grado de actividad sexual y de exposición a las influencias de carácter sexual. Pero nunca es demasiado tarde. El siguiente capítulo está dedicado a los muchachos que están entre los once y los dieciséis años. Si su hijo se halla en esta escala de edad, deberán adaptar y cubrir los temas anteriores antes a fin de que las charlas que siguen puedan tener el máximo efecto.

4

Conversaciones acerca del comportamiento con muchachos entre los once y los dieciséis años

Cuando un niño termina la escuela primaria, el reto ha cambiado completamente: ahora no se trata de enseñarle sobre la sexualidad sino de enseñarle cómo enfocar (y qué hacer con) la sexualidad. Ahora es una cuestión de actitud y comportamiento, más que de conocimiento.

El tránsito de las enseñanzas básicas a las enseñanzas sobre el comportamiento

Ya en este punto, y suponiendo que se hayan llevado a cabo las conversaciones anteriores con sus hijos, éstos habrán asimilado los datos que necesitan acerca de la sexualidad, y los padres habrán inculcado en ellos una actitud positiva e ilusionada sobre la belleza y la maravilla de una relación sexual madura y comprometida. La cuestión ahora es de comportamiento y práctica real. En este capítulo, pensado para muchachos entre los once y los dieciséis años, la meta es enseñarles responsabilidad y moderación sexual y animarlos a practicarla.

Todos los padres quieren proteger y salvaguardar a sus hijos, y a medida que escuchamos a más padres, la abrumadora mayoría opina que la abstinencia, por lo menos durante los años de secundaria, es la mejor protección en pro de la cual se debe trabajar y la mejor manera de garantizar a los hijos una niñez feliz y, más adelante, un buen matrimonio y una familia estable.

Aunque saben que se trata de un verdadero reto, muchos padres hoy en día abrigan la esperanza de que sus hijos se comporten con una moderación sexual mucho mayor que la que practicaron ellos mismos. El mundo de nuestros hijos es sencillamente más peligroso que el mundo en que nosotros crecimos. Hoy en día hay más en juego; tienen más qué perder y más qué ganar. Hay más de qué preocuparse, más de qué protegerse, y más necesidad de tener compromisos familiares sólidos y perdurables. En palabras de Leonard Pitt, en al artículo del servicio de noticias de Knight Ridder Tribune que citamos anteriormente:

> La tarea de orientar a los hijos hacia la edad adulta se ha vuelto decididamente aterradora [...] Pero el precio de un mal paso nunca había sido tan alto, ni la cultura popular había estado tan decidida a sacar provecho de la inocencia... y al diablo con las consecuencias. Y es por eso que nunca había sido tan importante que los padres repitieran las advertencias de las que se ha hecho caso omiso... porque un día deberemos entregarle nuestros hijos a la inundación [de sexualidad que invade a nuestra sociedad] y, antes de que eso suceda, debemos enseñarles a nadar.

En conclusión: En el mundo de hoy es a la vez más difícil y más fundamental que los muchachos pongan en práctica la moderación y la responsabilidad sexual. Y ¿cómo pueden los padres enseñarlas y promoverlas? La única manera que conocemos, aparte del ejemplo, es a través de la comunicación abierta y sincera y de razonamientos como los que los diálogos y las charlas de este capítulo promueven.

Los padres que leen este libro pertenecen a uno de dos grupos: los que ahora tienen un matrimonio bastante sólido y leal, y los que no. Cada grupo tiene una motivación diferente pero poderosa para ayudar a sus hijos a evitar las relaciones sexuales precoces de alto riesgo y para procurar tener un matrimonio sólido y leal. Los padres del primer grupo están con frecuencia motivados por un amor que abriga la esperanza de que sus hijos gocen del mismo sentimiento de compromiso y seguridad que ellos tienen. Los padres del segundo grupo están motivados por un amor a sus hijos que busca que éstos gocen de algo que ellos mismos no tienen. La segunda motivación es tan fuerte como la primera. En cierta forma, los padres del segundo grupo, los que tuvieron éxito en darles a sus hijos algo que está más allá de lo que ellos mismos tienen, son los verdaderos héroes de este mundo. Son los que cambian, para bien, a la siguiente generación. Y el cambio suele proseguir por varias generaciones, legándoles a los nietos y a los bisnietos el maravilloso regalo que fue originalmente concedido por unos padres que buscaron mejorar y progresar en vez de justificarse y continuar siguiendo el mismo patrón.

Metáforas que ayudan

Todos, especialmente los niños, aprendemos y recordamos lo que nos llega a través de buenas metáforas y de comparaciones claras y comprensibles. La mejor metáfora que conocemos para inculcarles a los niños el sentido de la belleza que hay en la responsabilidad sexual es "Las rosas matrimoniales", que utilizamos en el primer capítulo. Tenemos algunas otras especiales para muchachos entre los once y los trece años, las cuales pueden ser adaptadas para utilizarse casi como relatos, o pueden ser sacadas a colación en plan de discusión cuando ustedes perciban una necesidad de reforzar o aclarar varios aspectos del carácter íntimo de la sexualidad.

DIÁLOGOS

EL CABALLO Y LA BRIDA

—Andrés, ¿sabes cuánto pesa un caballo?

[Respuesta.]

—Un caballo adulto pesa más de quinientos kilogramos, por lo menos seis veces más que la mayoría de los jinetes. Y ¿cuánto más fuerte crees tú que es un caballo que su jinete?

—*¿Seis veces más fuerte?*

—¡Por lo menos! ¡Los caballos son increíblemente fuertes! Pero cuando un buen jinete pasea en un caballo, ¿quién controla hacia dónde van y cuán rápido deben ir: el caballo o el jinete?

—*El jinete.*

—Pero ¿cómo así, si el caballo es mucho más fuerte? ¿Por qué no va hacia donde quiere en vez de ir hacia donde lo dirige el jinete?

—*¿Porque el jinete es más inteligente?*

—Bueno, ser más inteligente le ayuda, pero el jinete necesita algo más para poder controlar al caballo. ¿Sabes qué es?

—*¿Una brida?*

—Exactamente. La brida es algo que tiene riendas, de las cuales el jinete puede tirar. Va alrededor de la cabeza del caballo y tiene un freno que va en la boca de éste, detrás de los dientes. No le hace daño al caballo, pero con solo halar suavemente en una dirección, el jinete puede hacer que la cabeza del caballo siga esa dirección y puede obligarlo a dar la vuelta, o puede halar hacia atrás las riendas y el caballo se detiene. Al ponerle brida al caballo, el jinete lo controla. ¿Te gustaría montarte en un caballo grande, fuerte y brioso, sin brida?

—*¡Por nada del mundo!*

—¿Por qué?

—*Sería peligroso.*

—¡Desde luego que sí! El caballo te podría tumbar, hacerte daño, incluso matarte. Los caballos no son malos generalmente, pero son grandes y fuertes, mucho más fuertes que uno. Si uno no tiene una brida para controlarlos, son simplemente demasiado peligrosos. Pero con riendas son fantásticos. Te hacen posible pasear por sitios hermosos. Galopar sobre un caballo es una de las cosas más emocionantes que uno puede hacer. Así que, ¿qué hace que lo uno sea peligroso y lo otro maravilloso?

—*La brida.*

–Exactamente. Ahora, la gran pregunta, Andrés: ¿en qué se parece el sexo a un caballo?

[Ayuda y pistas]: —Bueno, es muy fuerte. Las necesidades y los sentimientos en el sexo son poderosos. Y, como el caballo, son hermosos y espectaculares.

—¿Qué más?

—*Puede hacernos daño y ser muy peligroso si no lo controlamos. Puede hacer que nazca un bebé sin desearlo, puede hacer que la gente se sienta usada o abandonada o violentada. Puede incluso hacer que la gente se enferme si su poder no se utiliza en el momento debido y de la manera debida.*

—Así es. En cambio, si tiene brida y está bajo control, el sexo es emocionante y espectacular y no es peligroso en absoluto. ¿Cómo le ponemos brida al sexo?

—*No lo practicamos hasta que estemos casados. El matrimonio es una especie de brida, ¿verdad?*

—Muy bien. Eso es exactamente. Cuando las personas reservan las relaciones sexuales para cuando están casadas, el sexo deja de ser peligroso. Está bajo control, y es emocionante y...

—*Ya sé, ya sé: hermoso y espectacular.*

—Exactamente. Son nuestras dos palabras predilectas en relación con el sexo, y que también sirven para describir un caballo. Las decisiones anticipadas que has tomado son por ahora una buena brida... hasta cuando, más adelante, tengas la brida del matrimonio.

DISNEY WORLD O DIEZ DÓLARES

—Beatriz, si alguien te dijera: "Puedes elegir entre dos cosas. Si quieres te doy diez dólares ya mismo o, si esperas hasta el verano siguiente, te llevo a Disney World, en Orlando (Florida)", ¿cuál elegirías?

—*Disney World.*

—Claro que la elegirías. Es evidentemente mejor. Pero tendrías que esperar hasta el verano siguiente, y no recibirías ahora los diez dólares que te gustaría tener ya. ¿Te parece bien?

—*Claro. Prefiero mil veces esperar y poder ir a Disney World.*

—Beatriz, las relaciones sexuales son muy parecidas a esa situación. Esperar hasta cuando te cases las convierte en algo tan bueno, tan especial y tan nuevo como esperar hasta el verano para ir a Disney World. Tener relaciones sexuales antes, con alguien a quien no estás segura de amar verdaderamente, es como recibir ya los diez dólares. Es un billete de diez, pero no te durará mucho y, en cuanto lo hayas gastado, desearías haber esperado algo mejor. ¿Esa comparación tiene sentido para ti?

[Respuesta.]

(Hagan un seguimiento y repaso del diálogo, según lo consideren necesario).

LOS DIAMANTES

—¿Sabes, Javier, cómo se forman los diamantes?

—*No, realmente no.*

—Pues bien: los diamantes son al principio carbón que se halla en la profundidad de la tierra. La presión de todas las rocas y la tierra condensa cada pedazo de carbón, haciendo que sea cada vez más y más macizo, y más y más pequeño, y cada vez más duro hasta que, al cabo de un par de millones de años, se convierte en un diamante. Piensa, Javier, en esto: ¿cuántas veces más vale un diamante que un pedazo de carbón?

—*Un millón de veces más.*

—Exacto. ¿Y qué tuvo que hacer el carbón para convertirse en diamante?

—*Tuvo que esperar.*

—Sí, tuvo que esperar. ¿Algo más?

—*Tuvo que soportar mucha presión.*

—Eso es: tuvo que esperar y soportar la presión. Ahora bien, si apareciera alguien que sacara de la montaña el pedazo de carbón antes de que hubiera pasado el tiempo necesario y antes de que hubiera experimentado la presión, ¿sería muy bello?

—*No. Sería simplemente un trozo negro.*

—¿Valdría mucho?

—*No. Bueno, tal vez uno lo podría quemar y le daría a uno calor una noche, pero eso es todo.*

—Javier, ¿hay mucho carbón?

—*Creo que sí.*

—En efecto. Está bajo tierra en muchos lugares. Hay millones de toneladas de carbón. ¿Y diamantes? ¿También hay toneladas?

—*No.*

—Exactamente. Comparados con el carbón, los diamantes son mucho más escasos y mucho, mucho más hermosos y valiosos. ¿Tienes idea de por qué estamos hablando de esto?

—*¿Otra comparación con el sexo?*

—Efectivamente. Se trata de otra metáfora. (Explíquenle el significado de este término si no lo han hecho antes.) ¿Qué representan el carbón y los diamantes?

[Ayuda y pistas]: —La satisfacción sexual, dos clases de satisfacción sexual: la que es muy común no tan hermosa, y por eso nadie espera, y la brillante, hermosa, más escasa de obtener, la cual uno debe esperar hasta cuando se case.

—Muy bien. ¿Y qué me dices de la presión?

[Ayuda y pistas]: —Se ejerce mucha presión sobre la gente para que tenga relaciones sexuales demasiado pronto. Si uno aguanta la presión, y se sostiene en lo que cree, más tarde tendrá un diamante.

—Muy bien. ¿Por qué las relaciones sexuales son como el carbón si se tienen demasiado pronto?

—*Porque si uno lo quema, puede que le dé calor una noche, pero, una vez consumido, nunca se volverá un diamante.*

LAS RANAS

—Juana, ésta es una pregunta extraña. No me imagino por qué razón querría uno saberlo, pero, ¿sabes cómo se cocina una rana?

—*No*.

—Bueno, es interesante. Si tú simplemente metes una rana en agua hirviendo, es tan veloz que, en el instante en que siente el calor, se sale inmediatamente de un salto. Pero si la metes en una olla de agua fría y pones ésta sobre el fogón, la rana se siente tranquila y cómoda, y el agua se calienta tan gradualmente que la rana no se da cuenta, y pronto estará cocinada. Extraño, ¿verdad?

—*Sí, muy extraño*.

—Bueno, apuesto a que ya has adivinado. ¿De qué crees que se trata?

—*De otra metáfora sobre el sexo*.

—Sí, así es. ¿Qué representa la rana?

—*El acto sexual, o tener relaciones sexuales demasiado pronto*.

—Sí, o quizás la rana es uno y el agua son las relaciones sexuales. A ver, digamos que te lleváramos a ti y a un muchacho a una habitación, donde los hiciéramos quedarse solos, desnudos. Saldrían de allí a toda velocidad, como la rana del agua hirviendo, ¿no es así?

—*Con toda seguridad.*

—*¿Por qué?*

—*Pues porque me sentiría avergonzada, y porque pensaría que no está bien estar allí con él así.*

—Cierto. Pero, en cambio, ¿qué pasaría si salieras con él unas cuantas veces? Empezarías a sentirte muy cómoda con él. Pero entonces digamos que las cosas empezaran a ponerse algo más calurosas... y te pide que hagan un poco más que simplemente besarse. ¿Qué sería eso en la metáfora?

—*Que el ambiente se está poniendo caliente. Que tengo que salirme antes de que hierva y me empiece a cocinar.*

—¡Muy bien, Juana! No eres una rana, eres más inteligente. Te darás cuenta cuando el agua se empiece a calentar demasiado. Sales de un salto. Te reservas para aguas que permanezcan frías y seguras. ¿Te reservas hasta cuando el agua pueda ser qué?

—*Ya sé, ya sé: ¡hasta cuando el agua pueda ser lo más hermoso y maravilloso del mundo!*

EL WORLD TRADE CENTER

—Manuel, utiliza tu imaginación un minuto. Digamos que vamos de viaje a la ciudad de Nueva York, y una de las cosas que queremos hacer es subir hasta el último piso del World Trade Center, que tiene los dos edificios más altos de la ciudad, con más de cien pisos. Vamos a subir a la plataforma panorámica para mirar toda la ciudad, ver incluso la Estatua de la Libertad y todos los puentes que cruzan los ríos. ¿De acuerdo?

—*De acuerdo.*

—Conseguimos mapas y fotos de la ciudad, y estamos entusiasmados con nuestro paseo. Cuando llegamos allí no nos dirigimos al edificio directamente. Esperamos a que haga un día claro, con el cielo despejado y sin niebla tóxica. Finalmente llega el día perfecto. Llovió la víspera y la lluvia limpió el aire, y el día está perfectamente claro. Un día que quizá no se repita. ¿Nos sentimos emocionados?

—*¡Muy emocionados!*

—Subimos en el ascensor más veloz del mundo. El ascensorista está un poco malhumorado, pero para nosotros subir en ese ascensor es como haberse subido en un cohete. Llegamos arriba y dedicamos un buen tiempo a caminar por la plataforma de observación, a mirar a través de los telescopios, identificando los puntos importantes que hemos estudiado en nuestros mapas y en nuestros libros de fotos. Es un gran día. ¿Te pareció divertido?

—*Sí.*

—Pues bien, Manuel: he aquí lo principal. Compárate a ti mismo y todo lo que disfrutaste la experiencia en nuestro relato, con cuánto la disfrutó otro de los personajes de nuestra historia: el ascensorista. ¿Quién la disfrutó más, tú o él?

—*Yo.*

—¿Por qué?

[Ayuda y pistas]: —Porque para mí era nueva y especial. En cambio, él lo hace todos los días. Para él es algo muy repetido. Ya lo ha visto todo antes.

—Estás en lo cierto. Además no lo había anticipado con ilusión, no se había preparado. Ahora bien, ¿cómo lo podemos comparar con las relaciones sexuales?

[Ayuda y pistas]: —La persona que espera ilusionada lo más hermoso y espectacular del mundo y espera el momento apropiado y a la persona indicada lo disfrutará mucho más que alguien que lo hace todo el tiempo.

—Muy bien, Manuel. Cuando uno reserva eso hermoso llamado relaciones sexuales, para el momento apropiado y la persona indicada, lo convierte en algo cada vez más romántico, emocionante y especial.

A medida que vamos ideándonos metáforas, comparaciones y símbolos para ayudarles a nuestros hijos a comprender las enormes diferencias entre las relaciones sexuales ocasionales e informales y las relaciones sexuales permanentes y comprometidas, nosotros mismos deberíamos hacer una pausa para reflexionar sobre el acto sexual como símbolo poderoso. Dos que se convierten en uno, unidad, integración, un regalo mutuo, unión, conexión, el hacerse una sola carne, sinergia (uno más uno igual familia), o sinergia al revés (uno más uno igual uno). Casi todo lo que las parejas enamoradas quieren que les suceda emocional, mental y espiritualmente está simbolizado en el acto sexual.

Cuando todas estas "uniones" son verdaderamente deseadas mental, emocional y espiritualmente, cuando estamos dispuestos a comprometernos con ellas, entonces la parte simbólica de las relaciones sexuales es altamente deseable y apta para ser disfrutada. Cuando la gente está llena de dudas en cuanto a los aspectos mentales, emocionales y espirituales de la relación, entonces lo físico no simboliza nada y puede a veces sentirse como un acto deshonesto (o al menos como un acto bastante banal).

La pornografía y las imágenes en los medios de comunicación

A los muchachos y muchachas de once y doce años (y menores y mayores también, pero especialmente de esas edades) les llegan a través de los medios de comunicación, los amigos, la escuela y las lecturas toda clase de palabras y frases que saben (o intuyen) que están relacionadas con el sexo pero que ellos no pueden entender o no pueden definir con propiedad. Algunas palabras y frases les llegan de manera inocente de labios de amigos y conocidos, mientras que otras se les presentan a través de vídeos o de Internet, o de canciones con letras explícitamente sexuales, o de chistes de doble sentido, o de relatos que pueden ser perturbadores o incluso casi una amenaza.

Por desgracia, independientemente de todo cuanto nos esforcemos por protegerlos o aislarlos, nuestros hijos verán, y oirán, muchas cosas sexualmente explícitas. La pornografía con la que la mayoría de los padres creció es casi cómicamente suave en comparación con las cosas a las que están expuestos nuestros hijos hoy en día. Casi con seguridad es igual de fácil hoy, y de probable, que sus hijos se encuentren por lo menos con algo de la pornografía dura transmitida por Internet, como era que uno se encontrara por azar un ejemplar de *Playboy* cuando era niño. Y sus hijos pueden encontrar mucho mayor contenido sexual navegando en los canales acostumbrados de la televisión por cable que el que uno encontraba en el cine.

Por más que la mayoría de los padres quisiéramos proteger los ojos y oídos de nuestros hijos, simplemente no es posible. Lo que sí es posible es condicionarlos anticipadamente con una visión positiva de la sexualidad, de manera que enfoquen las representaciones negativas, burdas y peligrosas de la sexualidad, exactamente como lo que son: desviaciones de lo que ellos saben que es lo debido y lo mejor.

Manteniendo una actitud constructiva y el continuo compromiso de que el tema sea siempre positivo y materia de una comunicación abierta, busquen oportunidades de que se den conversaciones por el estilo de la siguiente.

DIÁLOGO

—Esteban, ¿tú entiendes lo que yo quiero decir cuando afirmo que casi todo tiene su lado bueno y su lado malo?

—*No, no exactamente.*

—Bueno, tomemos como ejemplo el fuego. Si se utiliza apropiadamente, calienta nuestros hogares y nuestra agua, cocina nuestra comida, etcétera. Pero su lado malo es que puede incendiar edificios o bosques, puede incluso matar gente. ¿Ves lo que quiero decir? Casi todo es así. La televisión es magnífica si la usamos para ver cosas buenas y no vemos demasiada. Pero si uno se convierte en teleadicto o mira cosas burdas, banales u obscenas, ese sería el lado malo. ¿Entiendes?

[Respuesta.]

—Pues bien, Esteban: con el sexo pasa igual. Hemos estado hablando del lado luminoso, del lado bueno, desde cuando tenías ocho años. Y el sexo puede ser tan bueno que decimos siempre que es lo más... ¿qué?

—*Lo más hermoso y espectacular del mundo.*

—¡Muy cierto! ¡Lo es! Pero, como todo, tiene un lado oscuro si la gente lo utiliza equivocadamente o habla sobre él de manera vulgar o fea. ¿Crees haber oído o visto algo sobre el sexo que se pasara hacia el lado malo?

[Respuesta. Ayuden a Esteban a reflexionar sobre esto, a pensar en las palabras, oídas en canciones o de boca de amigos, que no sonaban ni hermosas ni espectaculares; o en representaciones que haya visto en la televisión, en la pantalla del computador o en revistas, que le parecieron un poco extrañas o un poco malas y que

no lo hicieron sentirse cómodo en relación con el sexo; o en palabras crudas relacionadas con el sexo que haya oído. No lo presionen ni investiguen demasiado, sólo traten de saber qué piensa. Recuérdenle que los términos apropiados son tener relaciones sexuales y hacer el amor.]

—Es algo semejante a lo que acabábamos de decir, Esteban. Uno puede retorcer algo bueno o utilizarlo mal y hacer que, en lugar de parecer algo especial, parezca malo o extraño o tonto. Existen también algunas palabras para designar las partes íntimas del cuerpo de un muchacho y de una chica que son más bien crudas e irrespetuosas. Como lo hablamos antes, los nombres apropiados de tus partes íntimas son *pene* y *testículos*. ¿Las has oído llamar de otra forma?

[Respuesta. Si la respuesta es "sí", examinen con él los vocablos que él diga conocer. Si no, díganle que posiblemente se encontrará más adelante con otros términos.]

—No es que estas palabras sean tan malas o horribles, simplemente no son las palabras apropiadas ni precisas, y se utilizan con frecuencia de manera tonta o para contar chistes, o para burlarse de alguien, y generalmente lo hace la gente que no sabe lo especial y hermoso que puede ser el sexo.

—También recordarás que en charlas anteriores dijimos que los nombres apropiados para las partes íntimas de una niña son *vulva*, *vagina* y *senos* o *pechos*. ¿Has oído otros nombres?

[Respuesta. Si los ha oído, explíquenselos. No pongan demasiado énfasis en su crítica a estos vocablos inapropiados ni hagan que Esteban juzgue a quienes los usan. Simplemente pongan énfasis en que "los que saben" usan las palabras apropiadas.]

—Ahora bien, Esteban, a veces en las películas, en las canciones o en la televisión, en las revistas y en los libros, también aparecen los términos inapropiados. ¿Se te ocurre algo más que a veces hacen la televisión, las películas y las revistas que tampoco demuestra respeto ni lo especial que es el sexo?

[Respuesta. Ayúdenle a Esteban con la idea de que algunas fotos y películas muestran las relaciones sexuales o las partes íntimas de las personas de una manera que no expresa respeto ni las hace ver como algo especial.]

—Reflexionemos un poco sobre eso, Esteban. Nuestro cuerpo es hermoso y espectacular, ¿verdad? El cuerpo de los muchachos y el cuerpo de las chicas y cada parte de ellos son especiales y maravillosos. Y las relaciones sexuales son lo más hermoso y especial, ¿verdad?

—*Sí.*

—Muy bien. Entonces, ¿por qué no mostrar todo el cuerpo y por qué no mostrar a la gente teniendo relaciones sexuales? ¿Por qué no mostrar tanto el cuerpo como las relaciones sexuales en el cine, en la televisión, en la pantalla de los computadores y en las revistas?

—*Porque es algo íntimo y especial, y debería compartirse solamente con alguien a quien uno ame. (Refuercen este concepto, o ayúdenle a Esteban a llegar a esa conclusión, mediante una de las siguientes analogías: Si tuvieras un secreto verdaderamente especial y hermoso y se lo contaras a todo el mundo, o lo publicaras por Internet, ¿seguiría siendo un secreto especial? Si tuvieras una cosa muy especial para regalársela a tu mejor amigo, pero se la dieras a un montón de personas para que la usaran antes de regalársela a tu amigo, ¿seguiría siendo un regalo especial de cumpleaños? Si hubiera una película que a uno le encantara, y uno la consiguiera en videocasete y la viera todos los días, ¿te parece que pasado un tiempo le seguiría gustando a uno lo mismo, o se cansaría un poco de ella? Supongamos que tienes unos fuegos de artificio sensacionales para utilizarlos en una celebración, pero empezaras a gastar unos cuantos cohetes cada noche, y cuando llegara el momento de la celebración, no te quedara nada, ¿tendrías entonces una celebración divertida? Y si tuvieras un espléndido automóvil nuevo pero lo pasaras por el fango, lo abandonaras en medio de la nieve y dejaras las llaves para que lo condujera todo el que quisiera cuando se le antojara, ¿seguiría siendo espléndido por mucho tiempo?) Cuando tengan la impresión de que Esteban captó la idea, sigan adelante.*

—Existe una palabra para designar el hecho de mostrar las partes íntimas y las relaciones sexuales de una manera que no es ni hermosa ni maravillosa ni íntima.

—*Pornografía.*

—Exacto, ¿Y en dónde se encuentra la pornografía?

—*En el cine, en la televisión, en Internet, en revistas.*

—¿Y por qué es mejor no verla?

—*Hace que las relaciones sexuales no parezcan tan especiales como deberían ser.*

—¿Es malo o terrible si accidentalmente la ves?

[Ayuda y pistas]: —*No. Hay muchas ocasiones en que uno puede llegar a verla sin querer. Pero uno no debería tratar de buscarla.*

—¿Qué es lo mejor que podemos hacer si ante nuestra vista se presenta algo pornográfico?

—*Apartar la mirada.*

—Muy bien. Y contármelo, para poder hablar sobre eso. De esa manera puedo ayudarte a entender lo que alcanzaste a ver. A propósito, Esteban, ¿por qué crees que exhiben pornografía en la televisión, las revistas y el cine?

—*No sé.*

—Atiéndeme, porque esto es muy interesante. Lo hacen para ganar dinero. ¿Recuerdas el cuento de las rosas matrimoniales? Algunas personas echaron a perder las rosas matrimoniales y las vendieron para hacer dinero. Sucede igual con la pornografía. Quienes la venden saben que si alguien no entiende lo hermosas, especiales e íntimas que deberían ser las relaciones sexuales, probablemente compre pornografía o la busque en el cine, o en otra parte. ¿Crees que es bueno tratar de hacer dinero con el sexo?

—*No.*

—Es como las personas que vendían las rosas matrimoniales. Cuando la gente compraba esas rosas matrimoniales artificiales se enfermaban y ayudaban a que quienes las vendían se volvieran muy adinerados. Cuando miramos pornografía, de cierta manera nos enfermamos y hacemos que los que la producen obtengan mucho dinero. ¿Qué te parece esto?

—*Que no deberíamos mirarla.*

—Tienes razón, Esteban. Nos encanta hablar contigo de estas cosas. Las entiendes muy bien, y para nosotros es muy agradable analizarlas contigo. Recuerda, las relaciones sexuales son hermosas, fantásticas y buenas, pero la pornografía es mala. Hace que algo que es en sí hermoso parezca una baratija. Y emplear términos impropios para hablar sobre sexo o sobre nuestro cuerpo, tampoco es conveniente. Hagamos un trato: Prométeme contarme cuando te topes con algo pornográfico, y yo te prometo que podemos hablar sobre eso y que yo trataré de ayudarte a entender. ¿De acuerdo?

—*De acuerdo.*

Si sus hijos tienen acceso a los canales de Internet desde la casa, ustedes deberían contar con algún tipo de *software* de censura para interceptar pornografía. Pensamos que el mejor que hay en este momento es el Cyberpatrol. Otros dos que nos gustan, y que se consiguen en la mayoría de las tiendas de computadores, son el Net Nanny y el Surf Watch. Recuerden que estos "censores" no son la respuesta total. No bloquearán la totalidad de lo que es objetable, y seguramente que sus hijos no entrarán a la red solamente desde su casa. La mejor protección son el diálogo y la comunicación que ejemplificamos con la conversación precedente.

Cómo canalizar e integrar los pensamientos de carácter sexual

A medida que los niños van pasando por la pubertad, su actividad hormonal en aumento hará que sus pensamientos se dirijan cada vez con mayor frecuencia hacia cuestiones sexuales. Con la orientación de que la sexualidad es bella y espectacular, presente en los diálogos anteriores, sus hijos pueden manejar el asunto de manera positiva y darle a la pubertad la bienvenida, en vez de sentirse mal por su causa.

Hay dos modelos de pensamiento que pueden ayudarles a evitar pensar sobre el sexo de manera negativa o perturbadora. Uno de ellos es el que llamamos *canalización,* y tiene que ver con la orientación de los estímulos sexuales hacia el futuro y hacia la visión de un matrimonio feliz y una relación sexual hermosa y comprometida (es decir: "Veo cosas que me excitan, pero simplemente me sirven para saber lo emocionante que será cuando encuentre a la persona apropiada"). Al otro modelo de pensamiento lo llamamos *integra-*

ción, que designa el hecho de poner conscientemente los pensamientos de carácter sexual en el contexto más amplio del amor (es decir: "Cuando encuentre a la persona a quien ame lo suficiente para casarme con ella, tendré muchas maneras de demostrarle mi cariño, y una de ellas será a través del acto sexual").

Estos dos métodos toman en cuenta que es natural y normal que los adolescentes tengan pensamientos de carácter sexual. Permiten que el niño acepte, en lugar de preocuparse por ellos, sus pensamientos sexuales, pero les ayuda a canalizarlos e integrarlos a un contexto positivo, dentro del cual se convierten en la manera de recordar lo hermosa y espectacular que puede ser la sexualidad.

DIÁLOGO

—Simón, como lo hablábamos antes, forma parte de la pubertad pensar mucho en el sexo, incluso por las noches, en los sueños. Pero durante el día observarás más cosas relacionadas con el sexo y pensarás sobre eso mucho más. Supongo que ya te habrás dado cuenta.

[Respuesta.]

—Esos pensamientos son completamente normales, Simón. Todos los tenemos. De hecho es imposible no tenerlos. No sirve de nada que alguien te diga que no pienses en algo. Más bien te hace pensar con mayor intensidad en eso. Por ejemplo, si te digo: "Simón, no pienses en jirafas", ¿en qué estás pensando en este instante?

—*En una jirafa.*

—Así que, cuando algo relacionado con el sexo te viene a la mente, no siempre puedes apartar ese pensamiento, pero lo que sí puedes hacer es cambiar un poco el rumbo de ese pensamiento, si lo necesitas. Por ejemplo, supongamos que recuerdas algo obsceno, tal vez una foto pornográfica que viste, o quizá simplemente tengas un pensamiento sexual relacionado con alguna muchacha que conoces. En vez de tratar de apartar de tu mente ese pensamiento, puedes cambiar su rumbo o transformarlo, concentrándote en lo hermoso y espectacular que será algún día el acto sexual con la persona con quien te cases. Basta con que cambie rápidamente el pensamiento de esa manera, y luego dedícate a una actividad que te ayude a pensar en algo diferente.

[Respuesta.]

—Así que hablemos del asunto, Simón. Si están viniéndote a la mente muchos pensamientos sexuales, algunos un poco crudos u obscenos, pensamientos que no son nada bellos ni espectaculares, ¿qué puedes hacer?

[Ayuda y pistas]: —En primer lugar, cambiar el rumbo de ese pensamiento, dirigiéndolo hacia la esposa que algún día tendré y a quien amaré de veras. Eso me ayudará a pensar en el sexo de manera positiva, como algo hermoso y espectacular, como algo para lo cual vale la pena reservarse. También puedo recordar que el sexo es algo bueno sólo si forma parte del amor.

—Eso está muy bien, Simón. ¿Sabes? te quiero mucho, y me encanta hablar contigo de estas cosas. El sexo puede en verdad ser lo más hermoso y espectacular y, sea lo que sea lo que los demás piensen acerca del sexo, tú puedes pensar en él como una manera de demostrar verdadero amor hacia la persona especial que conocerás algún día.

Las citas pueden esperar

En esencia, la mayoría de los niños hoy en día crecen con excesiva rapidez y empiezan a tener citas amorosas demasiado pronto, por lo cual la mayoría de los padres, si pudieran, preferirían atajar un poco el crecimiento social de sus hijos. El problema es que cualquier método autoritario o dictatorial y restrictivo da pie con frecuencia a la rebelión y a la experimentación en vez de generar un comportamiento responsable. Tratándose de muchachos de trece y catorce años, un método respetuoso, basado en razonamientos por el estilo del siguiente, generalmente produce mejores resultados.

DIÁLOGO

—Mauricio, puede que esta pregunta te parezca extraña, pero ¿consideras que estás totalmente preparado para ser un adulto ya mismo?

[Respuesta.]

—¿Te gustaría ser de inmediato completamente adulto?

[Respuesta. Mauricio probablemente dirá que no. Si duda, señálenle algunas de las dificultades que entraña el ser adulto. Ayúdenle a sentirse agradecido de ser joven y de no tener todas las responsabilidades señaladas.]

—Bueno, pensemos por un instante en la problemática de crecer. Ahora tienes trece años. Si decidiéramos que la edad adulta comienza dentro de unos cuantos años, digamos cuanto tengas dieciocho, y si vivieras hasta los ochenta y ocho, ¿cuánto tiempo serías adulto?

—*Setenta años.*

—Ése es un tiempo bastante largo, ¿verdad? ¿Cuánto tiempo tienes para ser niño?

—*Apenas unos pocos años.*

—Precisamente. Así que, ¿crees que hay mucha prisa en convertirse en una persona mayor, en adulto?

—*No, realmente no.*

—Desde luego que en ciertos aspectos querrás ser mayor, como en el de ser responsable y que podamos contar contigo. Pero es maravilloso poder ser niño un tiempo, y después ser adolescente un tiempo. Y es importante ser estudiante unos años antes de tener un trabajo de jornada completa, y es importante ser un adulto soltero durante un tiempo antes de casarse. Si apresuras alguna de estas etapas, ¿qué estarías haciendo?

[Ayuda y pistas]: —Me estaría perdiendo algunas cosas.

—Así es. Mauricio, ¿cuál crees que es más o menos la edad apropiada para casarse?

—*Veinticinco años, más o menos. (Guíenlo hacia la edad que ustedes piensan que es la mejor, formulándole preguntas sobre la universidad, la madurez, etcétera.)*

—Bueno, para eso faltan doce años. ¿Cuántos años crees que un muchacho debe estar saliendo con chicas antes de estar seguro de haber encontrado una con la que se quiere casar?

—*No sé, supongo que unos cuantos.*

—Sí, también yo creo que unos cuantos años. Si un muchacho empezara a tener citas con chicas cuando tuviera quince o dieciséis años, ¿tendría suficiente tiempo? ¿Cuánto?

—*Nueve o diez años.*

—Ése es un tiempo más que suficiente, ¿no te parece, Mauricio? ¿Qué es tener una cita con una chica?

—*Salir con ella.*

—Sí, salir a solas con una muchacha, lo cual funciona mejor a partir de los dieciséis años. ¿Por qué a los dieciséis?

—*Porque a esa edad se puede conducir un auto.*

—Cierto, y eso es mucho mejor que depender de tus padres para que te lleven, o que ir a pie. Además, uno se siente mucho más a gusto en una cita cuando tiene dieciséis años. Se está más relajado y preparado. ¿Crees que serías capaz de esperar hasta que tengas dieciséis años para tener una cita en serio?

[Respuesta. Ayúdenle a Mauricio a ver cuánta cordura y sentido de la seguridad hay en este concepto. Asegúrenle que ustedes no ven problema con las salidas en grupo de muchachos y muchachas, o con fiestas mixtas, siempre y cuando que estén bien organizadas y haya la presencia o supervisión de un adulto.]

—¿Con cuánta frecuencia crees que un muchacho de dieciséis años debe salir a solas con chicas?

[Ayuda y pistas]: —No con demasiada frecuencia. Quizá un par de veces al mes. No más de una vez a la semana. No tanto que interfiera con el estudio y otras actividades.

—Las citas pueden ser maravillosas, pero también pueden ser costosas. Y si se realizan con demasiada frecuencia, pueden hacer que te pierdas de un montón de cosas que se disfrutan en grupo y de otras actividades sociales con muchos otros muchachos. Hablaremos más sobre la frecuencia que, según tú, deberían tener las citas.

—Ahora hablemos de otra cosa. Una vez que tengas dieciséis años y empieces a tener citas con chicas, qué crees que es lo mejor al principio ¿salir siempre con la misma chica, o, más bien, "tantear el terreno"?

[Ayuda y pistas]: —Tantear el terreno. De esa manera uno conoce

más chicas, aprende más, mejora su interacción social y empieza a darse cuenta de cuáles cosas le gustan a uno de una chica y cuáles no.

—Estoy de acuerdo, Mauricio. Por lo menos hasta uno o dos años después de empezar a tener citas con chicas, es mejor salir con distintas muchachas y no ennoviarse. Si todo el mundo cree que estás saliendo sólo con una chica, tendrás menos oportunidades de conocer otras muchachas. ¿Ves lo que quiero decir?

—*Sí.*

—Muchos muchachos no tienen la intención de ennoviarse, pero les resulta más fácil invitar siempre a la misma chica. Es más cómodo y menos arriesgado, así que de esa manera acaban pasando todo el tiempo con la misma persona. ¿Cómo podrías evitar eso?

—*No sé; invitar a diferentes chicas, supongo.*

—El libro que tengo aquí sugiere una idea interesante. Sencillamente decides no invitar nunca a la misma chica más de tres veces seguidas. En otras palabras, una vez que hayas salido dos veces con una chica, incluso si de veras te gusta, haces un trato contigo mismo de que invitarás a salir a otra antes de salir de nuevo con la primera chica. ¿Piensas que hay alguna ventaja en tomar esta medida?

[Ayuda y pistas]: —Puede ayudarme a no comprometerme demasiado, y puede también ayudarme a encontrar y conocer chicas con las cuales, de otro modo, no habría salido nunca.

—¡Muy bien, Mauricio! Nos quedan aún un par de años para pensar mejor en el asunto de las salidas, pero va a ser algo maravilloso, algo que de veras se puede esperar con ilusión. Entretanto, me vas contando en qué andan tus amigos y cómo te sientes respecto a tu vida social. Recuerdo muy bien cómo era para mí cuando tenía tu edad, y me parece muy divertido hablar contigo sobre lo que yo hacía en esa época y compararlo con lo que tú estás haciendo ahora.

Último ensayo

En relación con las decisiones anticipadas que sugerimos anteriormente, escenificar situaciones y sostener charlas sobre casos concretos puede servir como una especie de último ensayo para que sus hijos se preparen para cuando llegue el caso, y puede ser útil para aumentar en gran medida las posibilidades de que tomen las decisiones apropiadas cuando estén bajo presión. Una buena simulación de casos que pueden presentarse en la vida real se basa esencialmente en colocar a su hijo en una situación imaginada pero realista y hacer que mentalmente desempeñe su papel de la manera precisa como lo haría tanto de palabra como de acción.

Este tipo de charla es especialmente útil como parte del seguimiento o refuerzo a las decisiones anticipadas y es especialmente apto para muchachos y chicas entre los doce y los catorce años. Por ejemplo, supongamos que su hija de nueve años ha hecho (y ha firmado, y ha dejado consignada en su diario) una decisión anticipada en el sentido de abstenerse de tener relaciones sexuales durante la secundaria. Ahora tiene catorce años y ha adquirido una mayor conciencia de cuán difícil puede ser mantener esa decisión. Una conversación por el estilo de la siguiente puede ayudarla a fortalecerla.

DIÁLOGO

—Teresita, sé que algunas de tus amigas están saliendo con muchachos, y una o dos de tus amigas mayores están muy comprometidas con sus novios. ¿Has oído algo sobre hasta dónde han llegado sexualmente?

[Respuesta. Establezcan cuánto sabe Teresita y cuánto les contará. Comuníquenle que saben que algunas niñas de su edad tienen actividad sexual, y que otras están tratando de decidir qué deberían y qué no deberían hacer.]

—¿Cómo te sientes en relación con tu decisión anticipada de esperar?

—Bien. *Sigo pensando que es lo debido. (Si tiene dudas, quizá sea conveniente que ustedes repasen con ella algunas de las razones que la llevaron a tomar la decisión.)*

—Muy bien. Tú sabes que nosotros también opinamos que eso es lo debido. ¿Crees que tal vez es más difícil de lo que te imaginabas cuando tomaste la decisión?

[Respuesta.]

—Pues bien, por mi propia experiencia durante los años de secundaria, te puedo decir que tendrás que soportar algunas presiones bastante fuertes de los muchachos, e incluso de las chicas. Simulemos, a modo de ensayo final, un par de situaciones que pueden presentarse. ¿Te parece bien?

—*Me parece.*

—Supongamos que estás con dos amigas. Tanto la una como la otra han tenido ya relaciones sexuales, y te están diciendo que es buenísimo. Te dicen cosas por el estilo de: "Vamos, Tere, ¿cuándo vas a aterrizar en el mundo real?" y "¿Qué te pasa, crees que eres mejor que nosotras?" y "¿Cómo vas a saber lo que te estás perdiendo si ni siquiera lo pruebas una vez?" ¿Qué les dirás?

[Respuesta. Ayúdenle a Teresita a encontrar algunas respuestas concretas reales con las cuales ella se sienta bien: "Simplemente tomé una decisión hace un tiempo y me siento bien con ella", o "Miren, no las estoy juzgando. Sencillamente pienso que para mí lo mejor es esperar". Ensayen el diálogo para ambas partes. Elógienla mucho y refuercen su sentido de seguridad.]

Otras conversaciones similares pueden ser útiles para reforzar decisiones anticipadas sobre las drogas, el cigarrillo, las bebidas alcohólicas y otros temas, la mayoría relacionados directamente con decisiones sexuales. Otro ejemplo es el de Roberto, de doce años, quien tomó la decisión anticipada de que no consumiría drogas, ni siquiera una vez. Últimamente ha estado compartiendo su tiempo libre con un par de amigos que a ustedes les preocupan un poco.

DIÁLOGO

—Roberto, estaba pensando en tu decisión anticipada de no probar jamás las drogas. Es una decisión muy buena. ¿Todavía te sientes cómodo con ella?

[Respuesta. Anímenlo y refuercen su decisión, si es necesario.]

—Muy bien, estamos superorgullosos de ti. A medida que vayas creciendo, puedes convertir esa decisión en algo más concreto y más firme. Incluso, puedes ejercitarte en ello mentalmente. Lo único que tienes que hacer es imaginar una situación en la que te sintieras fuertemente presionado a probar las drogas. Seguidamente ensaya en tu mente lo que harías. Yo te ayudo con una de las situaciones. Cierra los ojos y trata de imaginar lo siguiente:

Te hallas participando en una fiesta en casa de alguien, Roberto, y estás en un corrillo con algunos de tus amigos, simplemente charlando. Se acerca un tipo, conocido drogadicto, y piensas que les va a empezar a ofrecer marihuana, como lo ha hecho en la escuela, pero en cambio tiene unas píldoras. Dice: "¿Qué tal, chicos? Ustedes, como son unos santicos, no meten cocaína o hierba, pero estos estimulantes no hacen daño. A ustedes les gustan. ¿Verdad, Iván y Jaime?"

Tú te sorprendes, porque Iván y Jaime son buenos amigos tuyos, y pensabas que ellos compartían tu actitud respecto a todo tipo de drogas. Pero cada uno de ellos le reciben una píldora, y Jaime dice: "Sí, estas cosas son bastante buenas, muchachos. Uno simplemente se siente un rato con bastante energía. Es una onda". Cada uno de los otros tres muchachos que están en el corrillo también recibe una, y todos te miran. "Vamos, Roberto —te dicen—, ¿qué te pasa? Ya las hemos probado. No son drogas de verdad. En cualquier farmacia las puedes conseguir". ¿Qué harías?

[Respuesta. Interprete cada uno su papel en el diálogo hasta cuando Roberto se sienta cómodo con una respuesta buena y firme como: "Lo siento, amigos. Simplemente me prometí algo a mí mismo hace un tiempo. No quieren que incumpla una promesa, ¿o sí?"]

Curiosamente yo (Richard) tuve una vez una experiencia con este tipo de "pensamiento actuado" que nunca lamentaré. Estaba aconsejando a un muchacho que me caía muy bien y a quien de veras tenía cariño. El chico había tomado la decisión de esperar un buen tiempo antes de tener relaciones sexuales, pero tenía a ese respecto una actitud facilista y despreocupada. Obedecí a un impulso y le dije que imaginara una situación. Lo describí a solas en el auto con una muchacha que le gustara de veras y hacia quien se sintiera verdaderamente atraído. Lo hice avergonzar un poco describiéndole lo bien que se sentía al besarla y cómo ella parecía querer que él hiciera más, y cómo se sentía al estar encima de ella, en el auto. Entonces le pedí que imaginara que la mano de ella guiaba la de él debajo de la falda. Le pregunté qué haría en ese caso.

—La llevaría a su casa —dijo... demasiado pronto, con demasiada facilidad.

—No —le dije—. Yo fui concreto contigo. Tú dime en detalle qué harías. Ensáyalo.

Así que, un poco exasperado conmigo, dijo:

—Está bien. Me enderezaría hasta sentarme de nuevo, metería la mano al bolsillo, sacaría las llaves y encendería el auto. Diría: "Creo que es mejor que te lleve a casa". Daría marcha atrás al auto, saldría y me devolvería por la carretera por donde vine.

Unos meses después me encontré por casualidad con el muchacho en una reunión social. Se me acercó y me dijo, sin preámbulos: "Sucedió".

—¿Qué sucedió?—, le pregunté, totalmente desconcertado.

—Sucedió eso —dijo—. ¿Cómo lo sabías?

Me llevó a un pasillo donde estaríamos más en privado y dijo:

—Fue exactamente como lo describiste.

—¿Qué hiciste? —le pregunté.

—Bueno, me senté, metí la mano al bolsillo, saqué las llaves del auto, encendí el motor, di marcha atrás al auto y todo lo demás. Gracias por hacer que lo ensayara —dijo—. No tenía idea de lo fuertes que serían mis sentimientos. Si no lo hubiera pensado bien antes, habría tomado la decisión equivocada.

La importancia del ahorro, tanto en la sexualidad como en la economía

Es interesante que nuestra palabra *economía* se derive del griego *oikonomía*, que quiere decir 'dirección o administración de una casa', y proviene a su vez de las palabras *parientes* y *ley*. Nuestros hogares son los mejores lugares para que los niños aprendan sobre la economía del dinero (ahorrar, reservar, maximizar, valorar, gastar prudentemente) y sobre la economía del sexo.

Como lo dijimos anteriormente, una meta que los padres deberían tener es la de no ver el sexo como un asunto aislado, "amurallado", sino como algo pertinente y conectado con todo lo demás, y ayudarles a los hijos a entender que los buenos principios, como la responsabilidad y el ahorro se aplican por igual al sexo y al trabajo, o al dinero o a cualquier otra cosa. Este tipo de combinación y yuxtaposición forma parte del mensaje contenido en las siguientes conversaciones orientadas hacia muchachos de trece y catorce años.

DIÁLOGO

—Alberto, ¿te acuerdas de la bicicleta de montaña que has querido tener?

—*Sí.*

—Bueno, he estado pensando en eso. Creo que es algo muy importante y quiero ayudarte a conseguirla. Es posible que tenga un trato para proponerte, pero primero pensemos un poco en el dinero. ¿Cuánto estás ganando (o recibiendo como mesada) cada semana?

—*Quince dólares.*

—¿Cuánto podrías ahorrar, en promedio, con un esfuerzo grande?

—*Tal vez siete con cincuenta.*

—Bien. Eso equivaldría por lo menos a treinta dólares de ahorro al mes. ¿Cuánto cuesta la bicicleta?

—*Trescientos veinte dólares.*

—Interesante. Ahora bien... Hay tres secretos relacionados con el ahorro de dinero. ¿Quieres saber cuáles son?

—*Sí.*

—El primer secreto del ahorro es decidir el porcentaje que uno quiere reservar cada vez que gane dinero. ¿Por qué crees que eso puede funcionar?

—*Si uno hace eso, pues no se lo puede gastar.*

—Exacto. Así que si de veras vas a ahorrar el cincuenta por ciento de lo que ganas [de tu mesada], ¿qué tienes que hacer?

[Ayuda y pistas]: —Reservar siete con cincuenta cada vez que reciba quince dólares, ponerlos en algún lugar y dejarlos allí.

—Muy bien. Éste es el segundo secreto: siempre que te paguen o te den tu mesada, lo primero que haces es separar ese porcentaje, antes de gastar nada. ¿Por qué es importante eso?

—*Si uno lo guarda primero, no se lo puede gastar.*

—Exactamente. Y éste es el último secreto. En el futuro, no utilices tarjetas de crédito. ¿Sabes qué es una tarjeta de crédito?

[Ayuda y pistas]: —*Es una tarjeta que uno puede utilizar para comprar cosas y pagar por ellas después.*

—¿Y eso por qué sería malo para el ahorro?

—*Gastarías demasiado. Puedes llegar a gastar dinero que ni siquiera te has ganado todavía.*

—Mucha gente lo hace. Es como lo contrario de ahorrar. Cuando tengas dieciocho años, más o menos, los bancos te empezarán a enviar tarjetas de crédito o solicitudes de tarjeta ya aprobadas. Toma unas tijeras, ¡y córtalas en dos! Cuando estés mayor y tengas más dinero, no será tan peligroso tener una tarjeta de crédito. O puedes conseguir una tarjeta débito, que te permite solamente gastar el dinero que ya tienes en el banco, igual que girar un cheque. Si pones en práctica esos tres secretos: elegir un porcentaje que vas a ahorrar, siempre separar primero lo que quieres guardar y no utilizar tarjetas de crédito, serás rico. Te lo prometo. ¿Te parece bien?

—*Me parece.*

—Y creo que tengo una idea de cómo puedes conseguir la bicicleta, pero primero, ya que estamos en el tema del ahorro, hablemos un poco más sobre lo más hermoso y espectacular y cómo puedes reservarlo. En primer lugar, ¿por qué querrías reservar para después las relaciones sexuales?

[Ayuda y pistas]: —*Porque son más especiales con alguien a quien uno verdaderamente ama, así que uno las debería reservar para esa*

ocasión. Además, las relaciones sexuales pueden ser peligrosas si uno las practica demasiado pronto.

—Bien. ¿Y reservar las relaciones sexuales para después es fácil o difícil?

—*Difícil.*

—¿Por qué?

—*Porque muchos de nuestros compañeros tienen relaciones sexuales, y uno ve imágenes sexuales en la televisión y en otras partes.*

—Pues bien: en cuanto a eso también hay tres secretos. En primer lugar, ¿un muchacho y una muchacha corren el riesgo de acabar en una relación sexual mientras están con otras personas?

—*No.*

—¿Así que cuál sería una buena manera de asegurarse de no tener relaciones sexuales demasiado pronto?

—*No estar juntos a solas.*

—Exactamente, Alberto. Ese es el primer secreto. Nos parece que sería conveniente no tener citas a solas con una muchacha hasta cuando tengas unos quince o dieciséis años. Hablaremos más sobre eso después, pero es el primer secreto para reservar para después las relaciones sexuales. ¿No te parece?

—*Sí.*

—Ahora bien: ¿qué suele suceder antes de que un muchacho y una muchacha demasiado jóvenes tengan una relación sexual?

[Ayuda y pistas]: —Que se quiten la ropa y se toquen mutuamente las partes íntimas.

—Exactamente. Así que el segundo secreto es simple. Una vez que uno empiece a tener citas con chicas, no quitarse nunca la ropa y mantener unas "zonas vedadas a las manos", las cuales uno no toca ni deja que le toquen. ¿Cuáles son las "zonas vedadas a las manos" en una muchacha?

[Ayuda y pistas]: —Los senos, las nalgas y la vulva.

—Cuando seas mayor y estés saliendo con una muchacha y ella te guste, ¿puedes besarla y abrazarla sin tocar esas partes?

—*Sí.*

—Claro que sí. Así que ése es el segundo secreto para reservar las relaciones sexuales para más adelante: mantener tus manos alejadas de esos lugares, y no quitarte nunca la ropa. El tercer secreto es también bastante simple. ¿Qué es lo otro que las personas generalmente hacen antes de tener una relación sexual?

[Ayuda y pistas]: —Se acuestan en una cama, en un sofá o en algún otro sitio.

—Exacto. Adoptan la posición horizontal en vez de permanecer en posición vertical. ¿Conoces esas palabras?

[Ayuda y pistas]: —*Vertical es lo que está colocado hacia arriba, como cuando uno está sentado o de pie. Horizontal es lo que está de lado a lado, como cuando uno está acostado.*

—Así es. De modo que si uno quiere reservarse sexualmente para el futuro, ¿sería conveniente qué?

—*No acostarse con una muchacha. Estar siempre sentado o de pie al besarla. Permanecer vertical, no ponerse horizontal.*

—Precisamente, Alberto. Esos son los tres secretos. Te prometo que si no tienes demasiado pronto citas a solas con una chica, si mantienes tus manos fuera de las zonas vedadas, y si permaneces vertical, no horizontal, cuando estás con una muchacha, lograrás reservar las relaciones sexuales para el futuro, de manera que para entonces serán más especiales en vez de ser menos especiales. ¿Te parece sensato?

—*Sí.*

—Déjame contarte una historia. En el lejano oeste de los Estados Unidos había una compañía de diligencias que quería contratar un cochero nuevo. Solicitaron el puesto tres hombres, así que los pusieron a competir para ver cuál era el que mejor conducía. Cada uno de ellos debía conducir la diligencia por una empinada ruta montañosa bordeada por un precipicio. Dos de los cocheros eran tan hábiles que lograban que la diligencia pasara a unos centímetros del borde sin caerse. El tercer cochero, en cambio, no se acercaba al borde; su manera de conducir consistía en mantener el caballo y las ruedas lo más cercanas al lado opuesto, lo más lejos posible del precipicio. ¿A quién crees que le dieron el puesto?

—*Al que manejaba de manera segura, que no se arriesgaba y se apartaba todo lo posible del borde del precipicio.*

—¡Sí! ¿Y eso qué tiene que ver con las relaciones sexuales?

[Ayuda y pistas]: —Si uno cumple las reglas de las que hablamos, eso se parece a mantenerse alejado del borde del precipicio.

—¡Precisamente! Estamos orgullosos de ti. Nos gusta hablar de estas cosas contigo. Nos sentimos como hablándole a un buen amigo, además de a nuestro hijo. Regresemos por un instante al asunto del ahorro de dinero. ¿Cuánto tienes ahorrado hasta ahora?

—*Setenta dólares.*

—Bien, ¿y si aplicaras los tres secretos y ahorraras siete dólares con cincuenta centavos cada semana, lo cual sumaría por lo menos treinta dólares al mes, ¿cuántos meses tardarías en ahorrar noventa dólares más?

—*Tres meses... hasta junio.*

—Muy bien. Entonces tendrías ciento sesenta dólares en total en tu fondo de ahorros para la bicicleta. El trato es el siguiente. Si puedes hacerlo, tendrás la mitad del dinero para la bicicleta en junio, y nosotros te pagaríamos la otra mitad. ¿Trato hecho?

—*¡Trato hecho!*

Razones equivocadas y sofismas

Si ustedes abrigan la esperanza de que sus hijos esperen un buen tiempo para tener relaciones sexuales, y si ésa es su meta (sea que la frase "esperar un buen tiempo" se refiera a esperar hasta el matrimonio, o hasta la universidad, o lo que sea), una de las herramientas más valiosas que pueden darles a sus hijos es la resistencia firme a las razones falsas o equivocadas por las cuales los chicos tienen relaciones sexuales tempranas, y a los sofismas que los muchachos (especialmente los varones) utilizan para justificarlas. Las falsas razones y los sofismas pueden contraponerse a las buenas razones y a la buena lógica de la conveniencia de esperar.

La siguiente conversación debería realizarse cuando sus hijos tengan catorce años, incluso si aún no están saliendo con personas del sexo opuesto, o antes, si ustedes sospechan que ellos ya están expuestos a algunas de las malas razones y a las malas frases de cajón. Es mejor si sus hijos se enteran de la insensatez y el peligro de ambas, y las entienden, antes de oírlas de boca de sus compañeros.

DIÁLOGO

—Adriana, hemos hablado sobre lo triste que es que tanto los muchachos como las chicas tengan relaciones sexuales demasiado pronto, ya sabes, antes de estar verdaderamente enamorados, antes de saber realmente lo especial que puede ser.

—*Sí.*

—¿Se trata de lo más hermoso y espectacular del mundo cuando sucede demasiado pronto y de la manera equivocada o en el lugar equivocado?

—*No.*

—Además, también es... ¿qué?

—*¡Peligroso!*

—Exacto. ¿Por qué crees, entonces, que lo hacen algunos chicos?

[Ayuda y pistas]: —*Les parece que así están en la onda, o quieren alardear, o tal vez simplemente tienen curiosidad.*

—Sí. Ésas son algunas de las razones. El libro que tengo aquí trae una lista de las once razones que los muchachos y las chicas suelen dar para explicar por qué han tenido relaciones sexuales. Te la mostraré, y mira a ver cuáles son buenas razones y cuáles crees que son malas razones. ¿De acuerdo?

—*De acuerdo.*

1. Todos lo hacen.
2. Mis amigos lo hacían y se burlaban de mí porque no lo había hecho.
3. De un niño: Es de varones. ¡Demuestra que soy hombre!
4. De una niña: Pablo dijo que me dejaría si no lo hacía. Quiero que él me ame.
5. Es agradable y no le hace daño a nadie, así que ¿por qué no?
6. La gente necesita tener relaciones sexuales. Es algo natural.

7. En la música que me gusta y en la televisión suena y se ve muy chévere, fenomenal.

8. Mis padres me dijeron que no lo hiciera.

9. Estaba aburrido. Y es más interesante que el Nintendo.

10. Simplemente forma parte del crecimiento.

11. La quiero y ella me quiere.

—¿Cuáles de éstas crees que son buenas razones?

—*Ninguna. Bueno, tal vez la última.*

—¿Por qué no las diez primeras?

—*Porque son tontas. Es como si pensaran que las relaciones sexuales son un juego. No saben que son hermosas y espectaculares y que deberían reservarse para tenerlas con alguien especial cuando seamos mayores y cuando estemos verdaderamente enamorados.*

—Estoy de acuerdo. ¿Y qué me dices de la undécima? Recuerda: éstas son razones que esgrimen alumnos y alumnas de secundaria.

—*Me parece que están demasiado jóvenes.*

—¿Cuántos años deben tener para aducir la undécima?

—*Deberían tener la suficiente edad para saber que están verdaderamente enamorados y poder casarse.*

—Yo también lo creo así. De manera que si todas éstas son malas razones, ¿cuáles son las buenas? ¿Cuál es una buena razón para tener relaciones sexuales cuando uno sea mayor?

—*Para tener un hijo.*

—Ésa es una buena razón. ¿Cuántos años debería tener una persona para poder basarse en esa razón?

—*La suficiente edad para casarse y poder criar un niño.*

—Muy bien. ¿Existen otras buenas razones por las cuales una pareja casada tenga relaciones sexuales?

—*No lo sé.*

—¿Crees que una pareja casada debería tener relaciones sexuales solamente cuando quiera tener un hijo?

—*No, porque también sirven para demostrarse cuánto se aman.*

—Exactamente. Cuando dos personas tienen suficiente edad para estar verdaderamente enamoradas y quieren estar siempre la una con la otra, y ser mutuamente leales y estar mutuamente comprometidas, es entonces cuando el acto sexual puede ser totalmente espectacular y hermoso. En realidad, existe una manera mucho mejor de llamarlo que "tener relaciones sexuales". ¿Conoces esa manera mejor de llamarlo?

—*¿Hacer el amor?*

—¡Exactamente! Bueno, Adriana, hablemos sobre otra cosa muy importante. A veces, cuando alguien quiere que tengas una relación sexual, o quiere que hagas otras cosas de carácter sexual por alguna de las razones equivocadas, aducirá ciertos motivos para tratar de convencerte. Las palabras que esa persona te diga para convencerte de que tengas relaciones sexuales se llaman sofismas. En general los usan más bien los muchachos, para convencer a las muchachas. Pero podría ser al contrario. ¿Entonces qué es sofisma?

—*Algo dicho por alguien que está tratando de que una mala razón parezca una buena razón.*

—¡Exactamente! Con seguridad oirás algunos de esos sofismas cuando seas mayor. Así que representemos una situación en que se emplean algunos de ellos. Yo te digo una frase empleando un sofisma, y tú me dices qué le responderías a la persona que te dijera esa frase. ¿De acuerdo?

—*De acuerdo.*

Frase 1: "Si me quisieras, te acostarías conmigo".

—*Si me quisieras, respetarías mis sentimientos y no me presionarías a hacer algo para lo cual no estoy verdaderamente preparada.*

Frase 2: "Sé que quieres hacerlo. Lo que pasa es que tienes miedo de lo que van a decir los demás".

—*Si quisiera hacerlo, no estaría discutiendo el tema contigo.*

Frase 3: "Todo el mundo lo hace".

—*Eso no es cierto y, en todo caso, yo no soy todo el mundo. Yo soy yo.*

Frase 4: "Forma parte del crecimiento".

—El hecho de tener relaciones sexuales no significa que uno haya crecido. Para mí, haber crecido significa decidir en qué creo y después serle fiel a eso que creo.

Frase 5: "Pero te amo..."

—Qué bueno. Entonces, respeta mis sentimientos.

Frase 6: "Tú lo deseas tanto como yo".

—No, no realmente. Tengo muchos planes en la vida, y no quiero enredarme embarazándome.

Frase 7: "Si tú no aceptas, otra aceptará".

—Si todo lo que soy para ti es un cuerpo con el cual satisfacer tus deseos sexuales, a lo mejor no deberíamos ni siquiera estar saliendo. No tienes derecho a usarme.

Frase 8: "¡Pero es algo que tengo necesidad de hacer!"

—No, no es así. Lo mejor para las personas es hacer lo que creen que es lo mejor. Yo creo que es mejor esperar.

Frase 9: "¡No le hace daño a nadie!"

—¡Puede hacerles daño a muchas personas, entre ellas a mí!

Frase 10: "Mencióname una sola buena razón por la cual no deberíamos hacerlo".

—Hay muchas buenas razones, pero te daré una que debería ser suficiente, ¡no quiero!

—Lo hiciste muy bien, Adriana. ¿Cómo te sentiste?

—*Bien, como si estuviera haciendo lo que me parecía apropiado y no dejándome presionar.*

—Muy bien, Adriana. Gracias por conversar conmigo. Recuerda: existen muchas razones para esperar. Es lo más seguro. La gente que de verdad te aprecia, te respetará más y te ayudará a recordar que las relaciones sexuales son...

—*Ya sé, ya sé: ¡lo más hermoso y espectacular del mundo!*

Si le están hablando a un muchacho, simplemente cambien el énfasis. Pónganle un poco más de atención a "por qué no se le deberían decir nunca esas frases a nadie" y un poco menos a "qué contestarías si te las dijeran". Pero, en ambos casos, abarquen los dos puntos de vista.

Para empezar de nuevo

En un mundo ideal, todos los padres sostendrían conversaciones tempranas sobre sexualidad con sus hijos, y los niños crecerían con una actitud sana, practicarían la moderación y la responsabilidad sexuales, y reservarían los contactos íntimos para el tiempo de la madurez y el compromiso. En el mundo real, sin embargo, las relaciones sexuales suelen darse demasiado pronto, y los chicos, al igual que los padres, quedan con frecuencia con sentimientos de culpa o de que han cometido un error irreparable.

No obstante, existe hoy en los Estados Unidos una tendencia

que se aleja de esta especie de finalismo o fatalismo. La idea de empezar de nuevo, a la cual a veces se llama "virginidad secundaria" o "revirginación", está ganando popularidad entre miles de adolescentes y entre miles de familias.

Lo que hay que recordar es lo siguiente: Si ustedes, como padres, han analizado el asunto (con este libro o sin él) y han llegado a la conclusión de que tanto la abstinencia hasta la madurez como el compromiso son lo mejor para sus hijos, entonces esa conclusión es igualmente valiosa, sea que sus hijos hayan tenido relaciones sexuales tempranas, sea que no las hayan tenido. Y si sus hijos han tomado o son capaces de tomar la decisión de que esperar es mejor, esa decisión es valiosa y útil, incluso si previamente ha habido experiencias sexuales. La cuestión es que no podemos tomar decisiones sobre el pasado ni fijar metas hacia el pasado, sino solamente sobre y para el futuro.

No inviertan mucho tiempo en pensar que hubieran querido que sus hijos se comportaran de manera diferente en el pasado. Piensen, en cambio, en lo que es mejor en el presente y el futuro. Piensen primero en la protección de sus hijos si tienen actividad sexual, pero si ahora creen que la mejor y más completa protección es la abstinencia, pónganosela como meta y trabajen en pro de ésta. Sean realistas y entiendan que cambiar una actitud o un patrón de comportamiento es más difícil que construirla desde cero, pero tengan la seguridad de que se puede lograr.

Si ya han avanzado a lo largo de algunos de los diálogos de este libro, o han tenido conversaciones similares sin el libro tan sólo para descubrir que alguno de sus hijos, hace un tiempo o recientemente, ha tenido una experiencia sexual, sencillamente tranquilícenlo en el sentido de que todo lo que han hablado con él o ella todavía es válido y, aunque puede que sea un poco más difícil, puede empezar de nuevo. Seguidamente redoblen sus esfuerzos por plantear el tema y ayudarle a su hijo o hija a tomar decisiones pensadas y bien fundadas sobre lo que sea mejor para su vida y su futuro.

Si su hijo ha tenido experiencias sexuales antes de que empezaran a utilizar este libro o antes de haber sostenido diálogos similares, y ustedes sienten de verdad hoy en día que es benéfico enseñar más moderación sexual, posiblemente quieran iniciar una charla por el estilo de la siguiente.

DIÁLOGO

—Mónica, he estado pensando mucho recientemente en algo que quiero compartir contigo. ¿Te parece bien?

—*Sí, me parece.*

—Se trata, en parte, de que he estado leyendo un libro que se llama *Hablemos de sexo* y me he dado cuenta de cuánto más podría haberte dicho y de todo lo que hubiéramos podido hablar sobre el tema a medida que crecías. Si lo hubiera hecho así, no habrías tenido que aprender tantas cosas de los amigos, o de los medios de comunicación, o incluso de la experiencia sexual que has tenido. Así que, en primer lugar, me gustaría pedirte perdón por no haberte dado mayor información anteriormente. Te quiero, Mónica. ¿Aceptas mis disculpas?

—*Claro, está bien.*

—Mónica, el asunto es éste. Lo que realmente quiero hacer es algo así como empezar de nuevo. Aunque ya eres mayor, y ya sabes la mayor parte de lo que yo podría decirte sobre el sexo, me gustaría hablarte de algunas cosas de las cuales he debido hablarte cuando tenías ocho o nueve años. Podríamos simplemente considerarlo un repaso, y creo que nos serviría para sentirnos más unidas. ¿Te parece bien?

[Respuesta. Puede que Mónica diga: "¿Cuánto va a tardar la charla?" o "Vamos, mamá, ya no soy una niña", o "Mamá, ya sabes que he tenido relaciones sexuales. ¿De qué servirá?" O puede que la sorprenda y que simplemente esté de acuerdo. Cualquiera que sea el caso, tranquilícela en el sentido de que el interés y el amor de ustedes, sus padres, son auténticos, y ponga énfasis en el hecho de que no está juzgando su pasado.]

—Como nosotros lo vemos, Mónica, deberíamos todos estar más interesados en el futuro que en el pasado. No nos sirve de mucho sentirnos culpables por no haber sido mejores padres y por no haberte hablado más sobre el sexo cuando estabas pequeña. Y no te servirá a ti de mucho preocuparte o preguntarte si, en cuestión de relaciones sexuales, deberías haber hecho las cosas de manera diferente. Sencillamente empecemos de nuevo. Me podrías decir, en primer lugar, olvidando el pasado ¿qué crees que es mejor para ti ahora? ¿Es mejor para ti continuar con las experiencias sexuales, o crees que es mejor esperar hasta cuando tengas más edad y encuentres a alguien con quien puedas mantener una relación más profunda y duradera?

[Respuesta. Si Mónica está de acuerdo en que es mejor esperar, continúen con esta conversación. Si no, elijan algunos de los ensayos del capítulo 5 para leerlos juntos o por aparte, y trabajen en pro de una conclusión de consenso en el sentido de que la mejor decisión es esperar. Tranquilícenla en el sentido de que la abstinencia se puede reanudar y la "virginidad" se puede recuperar, si eso es lo que una persona quiere y si piensa que es lo mejor.]

—Te propongo una idea. Empecemos con una charla sobre los datos básicos. Me gustaría que te imaginaras que tienes ocho años y que dijeras lo que crees que habrías dicho a esa edad. Obviamente, no te enseñaré nada que no sepas, pero nos servirá para repasar, y quizá las cosas puedan verse desde un ángulo diferente, y eso te ayude a tener una actitud nueva. De esa manera preparamos el terreno para hablar sobre asuntos sexuales más avanzados. ¿Te parece bien?

[Respuesta.]

—También charlaremos, a manera de repaso, sobre otras cosas relacionadas con el sexo, y cuando hayamos hecho eso, puede que quieras leer unos cortos ensayos, muy bien pensados, escritos para personas de tu edad, que a lo mejor te ayuden a tomar algunas decisiones firmes a largo plazo. Sencillamente tomaremos las cosas con calma e iremos a tu ritmo. ¿De acuerdo?

—*De acuerdo.*

—Gracias, Mónica. Estoy muy emocionada. Pienso que esto será bueno para ambas.

Si logran llegar a este punto con sus hijos, pongan en práctica juntos la conversación de los ocho años y después elijan cuál de las charlas de seguimiento (capítulo 3) y sobre comportamiento (capítulo 4) consideran interesantes y pertinentes. Enfóquenlas todas como un repaso que servirá para preparar el terreno a una actitud hacia el sexo nueva y más responsable, y a una renovada apreciación de que la sexualidad puede todavía ser "lo más hermoso y espectacular del mundo".

Permitan que el proceso de repaso dure unas cuantas semanas, si es necesario. No se apresuren. Vayan avanzando en las charlas según lo permitan el tiempo y el interés.

Como padres, lean con antelación los ensayos del capítulo 5 y decidan cuáles son más atractivos para sus hijos y cuáles tendrán mayor influencia en el sentido de aumentar su deseo o de fortalecer su decisión de esperar. Explíquenles a sus hijos que estos ensayos fueron escritos para ayudar a los adolescentes a tomar decisiones sobre su futuro, independientemente de lo que hayan hecho en el pasado. Inviten a sus hijos a leer los que ustedes han seleccionado y hagan uso de las preguntas que proporcionamos para hablar sobre las conclusiones y sobre las opiniones de ustedes y las de sus hijos.

Conversación de sobremesa sobre las tendencias en cuanto a relaciones sexuales extramatrimoniales y prematrimoniales

"Si la aceptación social de las relaciones sexuales prematrimoniales aumenta en los próximos treinta años como lo hizo en los últimos treinta —decía una amiga hace poco—, prácticamente todo el mundo acabará teniendo relaciones sexuales con todo el mundo".

Estábamos participando en una cena y, en las cenas y otras reuniones, a mí (Richard) me gusta con frecuencia adoptar un punto de vista contrario, simplemente para hacer que la conversación sea más interesante. Me vino a la mente una comparación que me permitió adoptar el punto de vista opuesto.

"No creo que las cosas vayan a ir por ese camino —dije—. Creo que dentro de treinta años, en la próxima generación, las relaciones sexuales fuera del matrimonio, inclusive las relaciones ocasionales y sin compromiso, serán mucho menos comunes en nuestra sociedad de lo son hoy en día. La monogamia será el ideal aceptado y cada vez más la norma social. La mayor parte de la sociedad mostrará resistencia y resentimiento hacia quienes participen en relaciones sexuales ocasionales y sin compromiso, las cuales conllevarán un especie de estigma social..."

En torno a la mesa, los demás invitados me miraban con la boca abierta. ¿Les estaba tomando el pelo? Debía de estar bromeando. Nadie me estaba tomando en serio hasta que terminé la frase: "...como el que implica hoy en día fumar".

Ahora sí había atraído la atención de todos los concurrentes.

Había empezado solamente por contradecir, pero ahora me estaba emocionando ante las posibilidades realistas de mi extravagante predicción.

"Hace treinta años —proseguí— no fumar era una actitud solitaria y difícil de sustentar. Casi todos los personajes del cine y la televisión fumaban. En la mayoría de las fiestas uno se sentía bastante extraño si no encendía un cigarrillo. En restaurantes y aviones, si uno no fumaba tenía que irse a unas estrechísimas secciones de no fumadores. Fumar no sólo era aceptable, sino que estaba de moda. Si todos lo hacían, ¿por qué no también uno? Y una industria grande y poderosa lo promovía cada hora de cada día. Ah, sí, teníamos algunas pruebas de que fumar era dañino, estadísticas y cosas así, pero solamente le hacía daño al que fumaba. Y, vamos, tampoco debía de ser tan dañino para el individuo si lo hacía con moderación y fumaba cigarrillos con filtro. Claro que muchos padres, de todos modos, querían evitar que sus hijos fumaran. Cuando iban a fumar, se salían de la habitación de sus hijos, fumaban en otro lugar, y abrigaban la esperanza de que éstos no fumaran".

Ahora los invitados se me estaban adelantando. Ya sabían hacia donde estaba llevando mi argumentación.

"Es difícil hoy en día acordarse de esas épocas porque en la actualidad fumar está pasado de moda. Muchos de nosotros por fin reconocimos, a posteriori, lo que desde un principio era evidente: que es una tontería fumar. Nos pone a nosotros y a los que están cerca en auténtico y grave riesgo. Todos somos víctimas, y el humo mata también a los no fumadores. Es mucho más probable que nuestros hijos fumen si nosotros lo hacemos. Por fin los gigantes del tabaco son reconocidos como lo que son: como enormes villanos".

Algunos de los sentados a manteles se veían ahora animados, incluso esperanzados; otros me invitaban con la mirada retándome a completar exitosamente la analogía.

"Pensemos en cómo nuestras actitudes y normas sociales sobre las relaciones sexuales extramatrimoniales son paralelas a las que existían respecto al cigarrillo hace treinta años. Hoy en día es a veces un poco incómodo y solitario creer en la fidelidad y la castidad y practicarlas. Casi todos en el cine y en la televisión saltan a la cama. Nuestras fiestas, nuestro estilo de vida y nuestra conversación hacen parecer que la norma son las relaciones sexuales ocasionales. Todos lo hacen, así que ¿por qué no yo? Y todo un complejo industrial de los anticonceptivos las promueve. Ah, sí, tenemos estadísticas aterradoras sobre el sida, los embarazos de adolescentes, la desintegración de los matrimonios y las familias, que está a su vez asociada a las relaciones sexuales extramatrimoniales y ocasionales, pero que se llevan a cabo entre adultos, por su propia voluntad, y constituyen un crimen sin víctimas. Claro que muchos padres quieren que sus hijos practiquen la abstinencia. Mantenemos nuestras aventuras o nuestras adicciones fuera de su vista, y abrigamos la esperanza de que hagan lo que decimos, no lo que hacemos".

Algunos asentían con la cabeza. Sí, pero ¿entonces, qué?

"Ahora bien: quizás dentro de treinta años el adulterio y la fornicación estén tan pasados de moda, como lo está hoy en día el hábito de fumar. A lo mejor la mayoría de nosotros, aleccionados por la experiencia, admitamos por fin que las relaciones sexuales extramatrimoniales y no comprometidas son una estupidez. Nos ponen en peligro a nosotros mismos y a nuestros allegados. Por un placer pasajero arriesgamos nuestra salud emocional y física, nuestra confianza y seguridad, nuestro más tierno compromiso —el amor—, el honor y nuestro respeto hacia nosotros mismos. Todos somos víctimas. Las relaciones sexuales ocasionales matan, matan amistades, matan familias, matan niños que no han nacido".

No sé si convencí a alguien esa noche, a lo mejor ni siquiera a mí mismo, de cuánto deseaba ver cumplida esa versión del futuro a treinta años. Pero a lo mejor no es algo que debiéramos esperar. A lo mejor es algo por lo cual debiéramos trabajar.

La mayoría de los padres adultos, dada la sabiduría acumulada y la claridad y entendimiento que resultan de la experiencia, se inclinan a decir: "Ahora me doy cuenta de que una relación monógama a largo plazo, comprometida y amorosa es la mejor manera de vivir y ofrece la mayor oportunidad de ser felices".

Patricia Ireland, presidenta de la National Association for Women (Asociación Nacional para Mujeres), concluyó, en una conferencia en el Smith College, el 16 de noviembre de 1994, a la edad de 49 años, que: "A estas alturas de mi vida, podría coincidir con que (y habiendo tenido una perspectiva diferente a los veinte años) una relación monógama con un compromiso a largo plazo es muy conducente a... una relación satisfactoria, a una manera satisfactoria de vivir la vida... pero no podemos simplemente aferrarnos a este sueño de lo que pensamos que debería ser y hacer caso omiso de las consecuencias de lo que es".

Pero lo importante es que *sí* podemos aferrarnos al sueño de lo que pensamos que debería ser. Es eso precisamente lo que debemos hacer como padres: aferrarnos a los sueños de lo que pensamos que es lo más feliz y lo mejor para nuestros hijos; tratar de educarlos en la luz, en la verdad y en la esperanza, y tratar de que nuestras vidas sean ejemplos positivos para ellos, incluso si ello significa que nosotros mismos debemos cambiar. La analogía con el hábito de fumar funciona también cuando hablamos del cambio en la conducta de los padres. Si alguna vez fumamos pero hemos dejado de hacerlo, queremos que nuestros hijos no sigan el mismo patrón sino que hagan las cosas mejor; es decir, que nunca empiecen a fumar. Y si nosotros, en una época diferente y en un mundo diferente, tuvimos relaciones sexuales ocasionales pero ya no las tenemos, queremos que nuestros hijos no sigan el mismo patrón sino que hagan las cosas mejor; es decir, que nunca empiecen a tener relaciones sexuales ocasionales.

Pocos culparían a Patricia Ireland, o a cualquiera de las cabezas de las grandes organizaciones con misiones sociales, de tratar de hacer lo que sienten que es mejor en desmedro de "las consecuencias de lo que es". Pero los padres tienen el privilegio, como los guías personales y amorosos de niños pequeños que son, de aferrarse al sueño de lo que creen que debería ser y de trabajar para hacer que ese sueño se convierta en realidad.

Como padres, individualmente no van a cambiar las normas sexuales de la sociedad ni a contener la pornografía en los medios de comunicación ni en Internet, ni van a hacer que se legisle para tratar la pobreza, la alienación y la enfermedad que las relaciones sexuales sin compromiso precipitan, pero uno puede ayudarles a sus hijos a crecer con una actitud positiva hacia "lo más hermoso y maravilloso del mundo". Uno puede aumentar las posibilidades de los hijos de ordenar y disciplinar su vida de manera que la actividad sexual se dé después de que se haya dado el compromiso. Y uno puede mejorar las probabilidades de que sus hijos tengan un matrimonio de amor duradero y una familia fuerte y saludable.

Y lo interesante es que, con el tiempo, y familia por familia, así es como los padres podemos cambiar el mundo.

5

Conversaciones sobre perspectivas y normas personales con muchachos entre los quince y los diecinueve años

———◆———

Las conversaciones de este capítulo tienen como base ensayos breves, que tienen por objeto estimular el pensamiento y proporcionar perspectivas. Cada uno concluye con preguntas de seguimiento concebidas para propiciar discusiones. Pueden leerlos, o pedirles a sus hijos que los lean y después discutirlos. De cualquier modo, el tono y la actitud deberían ser los de estar explorando juntos algunas perspectivas sobre las relaciones sexuales y las relaciones en general. Esta clase de enfoque abierto e igualitario demuestra respeto por el adolescente y le muestra que éstos son asuntos sobre los cuales ustedes también tienen que pensar. Le indica que ustedes valoran su opinión y que lo consideran lo suficientemente maduro para hablar con él o con ella sobre estos temas.

Cómo convertirse en consultores en lugar de administradores

Tratándose de adolescentes mayores, nuestro papel de padres debería cambiar para ser menos el de administradores y más el de consultores. A medida que nuestros hijos pasan por los años de secundaria, y los dejan atrás, tenemos cada vez menos control directo, pero podemos de hecho tener más oportunidad de influir en la forma como se desarrolla su manera de ver las cosas y de guiar el proceso de pensamiento que determinará sus normas de comportamiento y su perspectiva para toda la vida.

Al leer sobre asuntos de sexualidad y debatirlos dentro del contexto más amplio de lo social, económico, político, religioso y personal, podemos ayudarles a nuestros adolescentes a tener un marco dentro del cual tomar buenas decisiones personales y a ver más claramente cómo su comportamiento sexual en el presente afectará más adelante su vida personal y la de su familia.

Los objetivos de este capítulo final tienen un doble propósito. El primero es ayudarles a los adolescentes mayores a evaluar las opciones, responsabilidades y consecuencias de su comportamiento sexual, con una perspectiva y claridad tales que les ayuden a maximizar sus oportunidades de elegir bien. El segundo es ayudarnos a nosotros mismos, como padres, a aclarar nuestros propios puntos de vista en cuanto al grado de moderación que consideramos mejor para nuestros hijos, inclusive a la par que reexaminamos nuestras actitudes y comportamientos.

La manera como utilicen este capítulo final dependerá mucho del grado de interés, de la naturaleza y de las capacidades académicas de sus hijos. Si su hijo, estudiante de secundaria, lee bien, y obtiene buenos resultados en las pruebas, quizá pueden hacerle caer en la cuenta de que algunas de las lecturas y ensayos no son del todo diferentes de los que encontrará en las pruebas para obtener el grado de secundaria, o en las de ingreso a la universidad. Pídanles a sus hijos que lean con el ánimo de comprender la lectura, y formulen las preguntas como si fueran una especie de prueba de comprensión a la vez que una oportunidad para formarse opiniones sobre las perspectivas y puntos de vista que se presentan.

Por otra parte, si abordarlas desde el ángulo académico es la manera más segura de perder el interés de sus hijos, tal vez quieran enfocar las lecturas sencillamente como artículos interesantes sobre sexualidad. El tema en sí mismo basta casi siempre para generar interés inicialmente.

Pero cualquiera que sea el enfoque, hay algunas pautas importantes:

1. Lean ustedes primero cada pasaje concienzudamente y fórmense sus propias opiniones. Después léanlo en voz alta reunidos con su hijo o inviten a éste a leerlo. Asegúrense de que ustedes y su hijo lo han digerido bien antes de pasar al cuestionario.

2. No dominen la charla de seguimiento con sus propias opiniones. Formulen cada uno de los puntos del cuestionario y denle a su hijo la oportunidad de responder.

No sientan, en ninguna de las lecturas, que deben llegar a una conclusión en particular o a un consenso, o que tienen que terminar de hablar sobre cada una de un tirón. Vayan hasta donde el tiempo les permita y retómenla después. Los artículos no están concebidos para una charla de principio a fin sino para extender dentro de la familia la comunicación continua y abierta sobre la sexualidad (y sobre los otros temas a los que ésta lleva).

La secuencia de estas lecturas es bastante general, y su longitud y dificultad varían. Algunas constan solamente de una página, mientras que otras ocupan varias páginas. Utilícenlas según su criterio, según la necesidad y el interés y según el tiempo que tengan disponible.

Recuerden que "demasiado pronto" es mejor que "demasiado tarde". Que sus hijos asimilen en forma temprana este material resultará muy útil en relación con sus decisiones sobre la moderación y la responsabilidad sexuales.

Lectura 1: Cambios en nuestras opiniones sobre el sexo: los dos extremos del péndulo

Los seres humanos, en todos los lugares y en todas las sociedades, han tenido siempre costumbres y normas relativas al comportamiento sexual, que incluyen ceremonias y compromisos formales de matrimonio o emparejamiento. El emparejamiento o la actividad sexual indiscriminados han sido condenados siempre. Esto es atribuible, al menos parcialmente, a la capacidad humana de razonar con base en la observación de causa y efecto, que determinó que los niños necesitaban y se merecían unos padres y una estructura familiar que los nutriera y en la cual crecer, y que cualquier tipo de comunidad y de economía requiere alguna unidad básica de organización; es decir, la unidad familiar.

Durante los últimos cien años, el péndulo de la permisividad ha oscilado ampliamente. El adjetivo *victoriano* evoca —sobre todo en las sociedades anglosajonas— prácticas sexuales altamente represivas: estrechez mental, actitudes mojigatas e intolerantes y el que nunca se hablara en público sobre sexo. Las relaciones sexuales eran un tema secreto, algo totalmente reservado, al igual que todos sus aspectos previos al lecho conyugal. La virtud de las mujeres era tan altamente apreciada, que era materia de debate si era preferible que perdieran la vida a que perdieran la virtud. Desde luego, toda clase de perversiones sexuales tenían lugar detrás de las apariencias de corrección y respetabilidad, y a las "indiscreciones" de los hombres con frecuencia se les hacía un guiño, y se consideraban necesidades e imperativos inevitables. Pero, en definitiva, el tono, la atmósfera y la realidad sexual aceptada se podían describir como una sola palabra: *represión*.

Una actitud esencialmente victoriana persistía en los Estados Unidos hasta entrados los años cincuenta. Lo que hoy llamamos "tener actividad sexual" entonces se llamaba "pecado" y, si sucedía un embarazo, se llamaba "estar en problemas". La doble moral continuó: a los hombres se les toleraba todo cada vez más y se permitía que lo tuviera todo (excepto culpa). En cambio, se consideraba que las muchachas "respetables" debían "mantener su distancia" de los muchachos, esperar hasta el matrimonio, guardar fidelidad y consagrarse a los hijos y a la familia. Si esa espera no tenía lugar, con frecuencia se consideraba culpable a la mujer. Las "necesidades" sexuales de los hombres eran tenidas en cuenta (y los actos "impropios" a que los llevaban eran perdonados). No así las de las mujeres. La represión generaba mucha deshonestidad, y culpabilidad. Claramente se hacía necesaria una revolución sexual.

En los años sesenta eso fue lo que obtuvimos. ¡Pero era la revolución equivocada! Necesitábamos una revolución que igualara a los hombres y a las mujeres no en la promiscuidad, sino en el compromiso de ver las relaciones sexuales como parte del amor verdadero, como un acto de pasión hermoso y natural y como algo que debería ser parte integral del fortalecimiento del vínculo de dos personas comprometidas mutuamente en forma total.

La peor manera de lograr la igualdad es bajar a todo el mundo de nivel. La mejor manera es elevar el nivel de todo el mundo. Logramos lo peor. La doble moral victoriana, según la cual "los hombres pueden ser infieles pero las mujeres no", necesitaba una revolución. La nueva norma que necesitábamos no era: "los hombres pueden ser infieles, por lo tanto las mujeres también", sino: "los hombres no deben ser infieles exactamente por las mismas razones que no deben serlo las mujeres".

Así que lo que logramos en los años sesenta fue una revolución sexual equivocada. Reemplazaba la cerrada represión sexual con la promiscuidad abierta. Y pese a toda su retórica acerca de liberar a las mujeres y de igualarlas a los hombres, de hecho hacía aún más víctimas a las mujeres. Las reducía de tratar de asegurar y proteger su virtud, el matrimonio, la familia y el compromiso (diciendo "no") a sencillamente tratar de protegerse del sida u otras enfermedades de transmisión sexual (diciendo "sí, pero con preservativo").

El péndulo victoriano necesitaba oscilar largamente hacia un lado, pero, como sucede con frecuencia con los péndulos, fue demasiado lejos. Pasó de la sexualidad basada en la represión, la intolerancia, la desigualdad y con frecuencia en la explotación, a la sexualidad recreativa, ocasional e irresponsable (y, de todos modos, desigual y explotadora). El problema real era que ambos extremos del recorrido del péndulo son esencial y profundamente *ingenuos*. Bajo el influjo del modo de pensar victoriano, la gente mantenía la cabeza enterrada en la arena, tratando de no ver ni oír el mal. Hoy en día tenemos la cabeza enterrada en otra clase de arena, desde donde hacemos caso omiso de las consecuencias personales y de las abundantes ramificaciones de la sexualidad irresponsable tanto antes como después del matrimonio.

CUESTIONARIO DE DISCUSIÓN

Pregunta: ¿Por qué razón han tenido siempre las sociedades humanas normas sexuales y ceremonias matrimoniales y de compromiso?

Respuesta: Para sobrevivir, los niños necesitan padres que los nutran, y las comunidades y las economías necesitan la unidad básica con la que se construyen: la familia.

Pregunta: ¿Cuál prefiere el autor: las actitudes sexuales victorianas, o las de hoy?

Respuesta: Ninguna de las dos. Son presentadas como dos extremos del movimiento de un péndulo.

Pregunta: Según el artículo, ¿qué estaba mal en las actitudes sexuales de la era victoriana?

Respuesta: La hipocresía y la doble moral.

Pregunta: ¿Cuál es la peor manera y cuál la mejor de lograr la igualdad?

Respuesta: La peor manera: rebajar de nivel a todo el mundo. La mejor manera: subir de nivel a todo el mundo.

Pregunta: ¿En cuál de estas dos direcciones se movió hacia la igualdad la revolución sexual de los años sesenta?

Respuesta: Bajó a todo el mundo al nivel de "los hombres pueden ser infieles, por lo tanto también pueden serlo las mujeres". Reemplazó la cerrada represión sexual con la promiscuidad abierta.

Pregunta: En los años sesenta se dio "la revolución equivocada". ¿Cuál habría sido la apropiada?

Respuesta: Una que hubiera igualado a los hombres y a las mujeres, no en su promiscuidad, sino en su compromiso de hacer que las relaciones sexuales formen parte de un amor profundo y duradero.

Pregunta: ¿Cuál de las dos maneras de ver las cosas es más ingenua: la victoriana o la actual?

Respuesta: Ambas. La victoriana pasaba por alto la hipocresía. Nosotros pasamos por alto las consecuencias.

Pregunta: ¿Te parece que el artículo describe de manera precisa los resultados de la revolución sexual?

Pregunta: ¿Cuál es tu opinión sobre el artículo?

Lectura 2: Los tres amplios niveles de función, plenitud y libertad sexuales

Es muy común y aceptado, en asuntos sexuales, hablar de la complejidad de éstos, de que no hay respuestas simples, de que no hay respuestas que se adapten ni a todas las personas ni a todas las situaciones. Escuchamos decir con frecuencia que "las parejas son todas diferentes y las circunstancias son todas diferentes. Lo que está bien para una está mal para la otra. No hay absolutos. Y así sucesivamente". Parecería que la gente aborda la sexualidad de mil maneras diferentes y tiene relaciones sexuales por miles de razones diferentes.

Pues bien: ¡quizá no! Es un asunto complejo en el sentido de que tiene muchas dimensiones y ramificaciones, pero también es un asunto personal, y cuando se le mira de ese modo, como una opción básica e individual de cada persona, puede ser simplificada, reducida a su esencia y manejada con inteligencia y de manera positiva. Podemos acercarnos al meollo de los asuntos personales de la sexualidad al hacer una pregunta de tres partes: ¿Cuál es la mejor clase de sexualidad, cuál es la peor, y cuál es la intermedia?

Lograr un consenso en cuanto a estas preguntas es, de hecho, bastante fácil. Independientemente de sus opiniones políticas, de su religión e incluso de su situación matrimonial personal, la mayoría de los adultos maduros concuerdan en que las relaciones monógamas, a largo plazo y basadas en el mutuo y verdadero apoyo, entre personas que se aman y están comprometidas entre sí, son el marco para la sexualidad más satisfactoria (y la más intensa y emocionante). Es todavía más fácil ponerse de acuerdo en cuál es la peor clase de sexualidad. Aparte de anormalidades atroces como la violación, el incesto, la prostitución u otros crímenes, la peor clase de sexualidad "normal" es la de la infidelidad, las aventuras extramatrimoniales entre adultos casados que destruyen matrimonios y familias; y la sexualidad indiscriminada, promiscua, experimental o explotadora y precoz en la que se hallan envueltos niños y adolescentes. Es cierto: éstas son categorías muy amplias que constan de muchas subdivisiones, pero la mayoría de la gente comparte una visión semejante de que la "mejor" forma de sexualidad es la que se da en una pareja felizmente casada, comprometida, y que nutre la relación conyugal; y que la "peor" forma de sexualidad es la que se da en las relaciones ocasionales entre personas inmaduras y que implican un alto riesgo. En el intermedio, desde luego, hay toda una gama de formas de sexualidad semicomprometida y semisegura.

No estamos analizando la complejidad de lo posible ni de lo probable, ni siquiera de lo que actualmente está sucediendo. Estamos sencillamente tratando acerca de lo mejor, lo peor y lo intermedio. Si pudiéramos ponerle nombre a estas tres categorías: lo mejor (para ser admirado y emulado), lo peor (para ser evitado y combatido) y lo intermedio (para verlo por lo que es y ojalá para mejorarlo), podríamos construir un modelo y una terminología que nos ayudaran a enfocar y a analizar el tema y sus aspectos en forma completa.

La categoría de lo "mejor" necesita un nombre que denote lo que nutre, lo que satisface, lo que da seguridad, la lealtad que apoya y el amor más profundo. Lo "peor" necesita un nombre que denote inmadurez, bajeza, falta de disciplina, incluso animalidad. Y lo "intermedio" necesita un nombre que sugiera lo parcialmente bueno y parcialmente malo, pero que denote algo que es inconsecuente e imprevisible.

Quizá un buen nombre para la mejor clase de intimidad conyugal sea "sexualidad integral". Y tal vez podríamos denominar a la peor clase "sexualidad baja". La que está en medio podría llamarse "semisexualidad". Pensemos un instante en las implicaciones y el doble significado de cada palabra.

"Integral" implica tanto salud y bienestar como totalidad, una relación integrada, conexa, en la que ambos ganan, en la cual los aspectos físicos de la sexualidad forman parte de una totalidad más amplia de amor emocional y espiritual y de unidad.

"Semi" significa, "medio" y, en este caso, denota medio lleno, medio vacío, algo incompleto, algo no pleno. Lo que se siente es mitad amor y mitad lujuria. Hay amor, lealtad y compromiso, pero éstos están condicionados y son, por lo tanto, parciales. En estas relaciones siempre hay verdades a medias, confianza a medias, promesas que no se hacen con todo el corazón. "Semi", en este caso, da a entender una calidad superficial, una naturaleza diluida, un sutil egoísmo, una separación y una distancia del amor pleno, sin restricciones, centrado en la otra persona. Y el problema real con "medio" es que, en su calidad de ente segregado funciona con frecuencia como menos de medio, como en medio par de tijeras.

"Bajo" sugiere varias combinaciones: baja madurez, bajo respeto (de sí mismo y hacia los demás), baja disciplina, bajo potencial, y escasas probabilidades de éxito, plenitud o permanencia.

También es "bajo" como en "bajos fondos", es decir algo sutilmente malvado y deshonesto. Y es bajo en cuanto enfoca las cosas de modo bestial e instintivo, en vez de enfocarlas de manera humana y razonada.

La sexualidad integral existe actualmente como una realidad para algunos, y como una realidad potencial y viable para todos. Está fuera de su alcance solamente para quienes no quieren elegirla y no quieren buscarla. La sexualidad integral no es perfecta. No es sistemáticamente compatible ni agradablemente previsible (de hecho, si esas características estuvieran presentes minarían tal vez el elemento esencial de la variedad y la emoción). Pero es algo a lo que dos personas enamoradas están dispuestas a comprometerse, y para lo que están dispuestas a vivir. Se transforma en sexualidad integral en el momento en que esos compromisos están completos. Tendrá sus altibajos, sus placeres y penas, pero seguirá siendo sexualidad integral por la naturaleza de sus votos verdaderos. Y, con el tiempo, acrecentará la felicidad, proporcionará paz, extenderá el círculo de seguridad familiar, e incluso prolongará la vida.

La sexualidad baja es una epidemia en nuestra sociedad. Es promovida de tantas maneras, por una parte tan grande de los medios de comunicación, a veces por razones tan simples como el lucro, a veces tan complejas como la autojustificación e incluso la idea de que "la desgracia es más llevadera en compañía". La sexualidad baja presenta innumerables opciones infinitamente variadas, mientras que la sexualidad integral siempre tiene unos elementos básicos comunes. La sexualidad baja es tan variada como la sexualidad integral es singular. Todas las relaciones sexuales integrales son iguales en el sentido de que en ellas media siempre el compromiso. Todos los encuentros sexuales bajos son únicos en el dolor que acarrean, las cicatrices que dejan y en la manera como empujan hacia abajo.

La semisexualidad, como su nombre lo indica, no es producto ni de una planeación y una concepción positivas, ni de la manipulación negativa y explotadora. Por lo general, sencillamente se da por casualidad. Hay amor suficiente para unir pero no para atar. Hay suficiente compromiso para que se dé una lealtad a corto y mediano plazo pero no para que se dé la lealtad de por vida. La gente busca afecto y se siente agradecida por el amor que encuentra pero, o no puede, o no tiene conciencia suficiente, o no quiere, o se siente insegura cuando llega el momento de prolongar ese amor y de hacerlo exclusivo. Les ayuda a pasar las "verdes" pero no las "maduras", lo cual es un claro reflejo de la superficialidad de sus sentimientos.

Al igual que la mayoría de las cosas que valen la pena en la vida, la sexualidad integral requiere correr un riesgo. Es el increíble riesgo emocional de entregarse totalmente, sin reservas y sin límite de tiempo, a otra persona. Tiene que ver con una determinación deliberada de no permitirse una salida por la tangente, ni un período de prueba, ni una capitulación prematrimonial. Se niega a la posibilidad de un fracaso a largo plazo, porque no está dispuesto a darles cabida a las condiciones en las cuales se daría por vencido.

Algunos de quienes practican la sexualidad baja buscan justificarla o racionalizarla diciendo que proporciona libertad, la cual es definida como "no tener ataduras", o (más precisa e irónicamente), como no "estar comprometido". Pero la sexualidad baja es de hecho una forma peligrosa e intensa de estar dominado. Es estar bajo el dominio de la alienación, el remordimiento, el sentimiento de culpa, las consecuencias. Es la antítesis de la verdadera libertad que da la sexualidad integral (que permite estar libre de enfermedades, libre de soledad y libre de la preocupación de hacer daño y de cómo hacemos daño).

Quienes practican el compromiso sexual a medias, a veces argumentan (quizá tratando de convencerse a sí mismos) que hay plenitud en pasar por una serie de compromisos parciales de corta duración (monogamia en serie) en busca de una relación mejor y más duradera. Su argumento es, de hecho, una concesión a que la sexualidad integral más satisfactoria es el destino al cual esperan que los lleve su recorrido por los compromisos sexuales a medias. Sin embargo, sin cambiar el paradigma, rara vez es así.

Vivimos en un mundo en el que muchos nos hemos vuelto complicados cuando se trata de ponernos metas y de hacer planes, en el arte de decidir qué queremos económica y materialmente, y en el arte de perseguir esas metas de manera dedicada y disciplinada. Hemos aprendido a tomar la iniciativa y a estar a la ofensiva respecto a lo que queremos tener y lo que queremos ser. No obstante, somos con frecuencia sorprendentemente reaccionarios, defensivos, incluso sometidos, cuando se trata de las relaciones de nuestra vida. Entramos en ellas a la deriva, seguimos las "normas" sin cuestionarlas, y de repente nos encontramos en lugares donde nunca planeábamos estar. El camino más seguro hacia una relación sexual integral es sencillamente establecerla como meta, no transarse por menos, evitar la sexualidad baja como la plaga que es, y rechazar, cuando se nos presenten, las oportunidades de embarcarnos en la sexualidad comprometida a medias.

CUESTIONARIO DE DISCUSIÓN

Pregunta: Falso o verdadero: El autor de este ensayo piensa que el tema de la sexualidad es de una complejidad desalentadora, respecto al cual no existen respuestas simples ni universales.

Respuesta: Falso. El autor piensa que puede ser simplificado de una manera muy útil e importante.

Pregunta: ¿Cuál es la pregunta de tres partes que puede simplificar los aspectos personales del sexo?

Respuesta: ¿Cuál es la mejor clase de sexo, cuál es la peor clase y cuál es la clase intermedia?

Pregunta: Aparte de las prácticas sexuales criminales, ¿cuáles son las dos clases de sexualidad más dañinas y "peores"?

Respuesta: La infidelidad o las aventuras extramatrimoniales y las actividades sexuales experimentales u ocasionales en las que se ven envueltos niños o adolescentes.

Pregunta: ¿Qué clase de relación sexual trae mayor plenitud, cuál es la "mejor" clase?

Respuesta: Una relación monógama, comprometida a largo plazo.

Pregunta: ¿Qué quiere decir monogamia?

Respuesta: El compromiso mutuo de dos personas de mantener una relación leal. El matrimonio es el mejor ejemplo.

Pregunta: ¿Qué nombres les da el autor a las relaciones y prácticas sexuales mejores, peores e intermedias? ¿Qué significados tienen y qué dan a entender estos nombres?

Respuesta: Sexualidad integral, sexualidad baja, y semisexualidad. Los significados y lo que implican se encuentran en las páginas 235-237.

Pregunta: ¿Cuál de las tres conlleva la mayor libertad?, ¿el mayor riesgo?, ¿las mayores satisfacciones?

Respuesta: La sexualidad integral.

Pregunta: ¿Qué argumentos esgrime la gente para justificar la sexualidad baja y la semisexualidad? ¿Son buenos argumentos?

Respuesta: Libertad, experiencia; véase la página 238.

Pregunta: ¿Cómo se hace para buscar la sexualidad integral?

Respuesta: Véase el párrafo con el cual concluye el artículo.

Pregunta: ¿Qué opinas del ensayo? ¿Estás de acuerdo con los puntos principales? ¿Te parece que simplifica demasiado las cosas? ¿Trata de algo que te afecte a ti en la actualidad?

Lectura 3: Recreación o consumación

Las relaciones sexuales pueden ser vistas, especialmente por el individuo soltero, desde varios ángulos. Al ubicar estos enfoques en un espectro, las relaciones sexuales son vistas, en un extremo, como una actividad. Son percibidas como una necesidad que debe ser satisfecha, como un reto por enfrentar, como un placer para probar, como una forma de ejercicio que sirve para aumentar la capacidad o mejorar el estado físico, como una forma de relajación con la cual darse gusto. En cada uno de estos casos es una forma de recreación, algo que uno hace por uno mismo y que es por definición una meta en sí mismo. No es especialmente importante con quién se hace, aunque, al igual que con la mayoría de las formas de recreación, un compañero atractivo y competente seguramente hace que la actividad sea más agradable. Al igual que con la mayoría de los juegos, casi siempre hay un ganador y un perdedor, pero, de cualquier manera, es seguro que mañana habrá otra oportunidad.

En el otro extremo, las relaciones sexuales son consideradas como el más alto nivel de intimidad y el poderoso símbolo de una unión con compromiso, de una consumación; son vistas, como un acto que sella, solemniza y compromete y que convierte algo en duradero, completo y final. Hacen que un noviazgo fructifique y celebran y simbolizan la unidad del matrimonio. En este extremo se las mira más como algo que uno hace por alguien a quien uno ama más que por uno mismo, y son una vía hacia un amor cada vez más profundo y un "fortalecedor" de sentimientos emocionales y espirituales. Es muy importante con quién se tienen esas relaciones, porque se tienen única y exclusivamente con una persona.

En ese espectro que comprende desde la recreación y la consumación, hay toda clase de combinaciones y puntos intermedios de compromiso. A medida que nos movemos por el espectro desde la recreación hacia la consumación, nos alejamos de la satisfacción temporal e instantánea y nos acercamos a una satisfacción aplazada y más duradera. Nos alejamos del peligro y nos acercamos a la seguridad; nos alejamos de la enfermedad y nos acercamos a la salud; nos alejamos del engaño y nos acercamos a la confianza; nos alejamos del egoísmo y nos acercamos a la entrega desinteresada; nos alejamos de la lujuria y nos acercamos al amor; nos alejamos del tomar y nos acercamos al dar; vamos de la brusquedad hacia la ternura; de la insegura necesidad de probarnos hacia la segura aceptación de nosotros mismos; de la escisión hacia la unidad; de la repetición y la insensibilización hacia el éxtasis y la emoción; de las familias frágiles hacia las familias seguras y fuertes.

Otra manera de mirar el espectro, quizá la manera más importante, es desde el punto de vista de la familia y sus efectos sobre ella.

Hay estudios que muestran que más del 95 por ciento de los estadounidenses adultos mencionan la familia como su más alta prioridad. Cuando el sexo se mira como parte de la familia o como algo que influye sobre la familia, empezamos a verlo bajo su luz más verdadera y reveladora.

El concepto es simple. Cuanto más nos movemos hacia la sexualidad leal, comprometida y monógama, más construimos, fortalecemos, protegemos y preservamos a las familias. Cuanto más nos movemos hacia las actividades sexuales ocasionales, recreativas o experimentales, más obstaculizamos, ponemos en peligro, perturbamos y destruimos a las familias.

CUESTIONARIO DE DISCUSIÓN

Pregunta: ¿Qué significado se le da aquí a la palabra *consumación*?

Respuesta: El hecho de alcanzar la totalidad, la plenitud, lo máximo y lo mejor.

Pregunta: ¿El punto de vista expresado en este ensayo concuerda o está en desacuerdo con el del primer ensayo? ¿Cómo se comparan los términos o los nombres utilizados por los autores? **Respuesta:** Están de acuerdo. La sexualidad integral es equivalente a la consumación; la sexualidad baja es equivalente a la actividad sexual como recreación.

Pregunta: ¿Cuáles son las diferencias básicas entre las relaciones sexuales como recreación y como consumación?

Respuesta: Las primeras son temporales y constituyen un fin en sí mismas. Las segundas son duraderas y constituyen el camino hacia un amor más profundo.

Pregunta: Anota las siguientes palabras en un extremo del espectro o en el otro, según en donde "encajen": peligro, salud, confianza, egoísmo, lujuria, dar, seguridad, amor, enfermedad, engaño, entrega desinteresada, tomar, ternura, escisión, brusquedad, unidad, repetición, emoción, familias fuertes, familias débiles.

Pregunta: ¿De qué manera este artículo te concierne ahora y en el futuro?

Lectura 4: Estadísticas y panorama general

Las siguientes son estadísticas concernientes a la sexualidad, divididas en cuatro grupos de realidades y tendencias:

1. Actividad sexual: el aumento en las relaciones sexuales ocasionales, los embarazos de adolescentes y las enfermedades de transmisión sexual presentes en niños cada vez menores.

2. Víctimas sexuales: el daño y las lesiones infligidos, especialmente a las mujeres, los niños y las familias.

3. Actitudes sexuales: el cambio radical en los puntos de vista respecto a ciertos aspectos de la sexualidad y no a otros, y el cambio de actitud masivo.

4. Mensajes de contenido sexual: la desproporcionada y engañosa influencia de los medios de comunicación y la profunda diferencia entre la inmoralidad y la amoralidad.

Cada grupo de estadísticas es seguido por un breve comentario y por cuestionarios de discusión. Esta lectura puede ser dividida hasta en cuatro discusiones separadas.

ACTIVIDAD SEXUAL

Realidades

• "Las enfermedades de transmisión sexual y los embarazos no deseados se encuentran en números alarmantemente altos en adolescentes cada vez menores". [1]

• En 1996, el 73 por ciento de los jóvenes y el 56 por ciento de las jóvenes habían tenido relaciones sexuales antes de cumplir los dieciocho años (a los diecisiete años o menos). En 1970 los porcentajes eran 55 y 35 por ciento. [2]

• Las relaciones sexuales en las muchachas de quince años aumentaron del 4.6 por ciento en 1970 al 25.6 por ciento en 1988, y actualmente continúan en aumento. [3]

• En la actualidad, el 21 por ciento de las mujeres que cursan el duodécimo grado y el 25 por ciento de los hombres que cursan también duodécimo han tenido cuatro o más compañeros sexuales.[4]

- Cada año más de un millón de adolescentes estadounidenses quedan embarazadas (y 400 000 abortan). Tres millones contraen enfermedades de transmisión sexual (es decir, una de cada seis de las que tienen actividad sexual).[5]
- En los Estados Unidos, las tasas de embarazos de adolescentes son significativamente superiores a las de otros países desarrollados. Esa tasa es diez veces la del Japón y la de los Países Bajos.[6]
- Cada año la tasa de embarazos de adolescentes en San Francisco es significativamente inferior a la de otras ciudades de los Estados Unidos, debido a la fuerte orientación familiar de su alto porcentaje de población originaria de Asia.[7]

Comentario

Algunos líderes nacionales, con muy buenas razones, han calificado los embarazos de adolescentes como "el problema social más grave".[8] Las repercusiones económicas son más graves por el hecho de que el 50 por ciento de las adolescentes que dan a luz, dependen durante un año de la seguridad social del Estado.[9] Sin embargo, los costos emocionales y sociales no pueden ser medidos por estadísticas, y la participación precoz en relaciones sexuales está estrechamente ligada a la deserción escolar y al consumo de drogas.[10] La actividad sexual se inicia cada vez más a una edad más temprana entre un creciente número de chicos y chicas, y una sexta parte a los que esto "les sucede" contraen enfermedades de transmisión sexual.

Hasta qué punto las cosas se han trastocado en los últimos cuarenta años puede ser ilustrado comparando la preocupación de los encuestadores, en los años cincuenta, cuando no podían acceder a estadísticas precisas sobre "porcentajes de virginidad" porque los entrevistados no querían reconocer ante los entrevistadores que habían tenido relaciones sexuales, mientras que hoy en día los entrevistadores se preocupan por lo contrario: porque los entrevistados no quieren reconocerlo cuando no han tenido relaciones sexuales. Recientemente un adolescente invitado al programa de televisión *Nightline,* de la cadena ABC, dijo: "Estoy en el primer año de secundaria en una escuela de California, y la presión que se ejerce sobre mí para que tenga relaciones sexuales es enorme. Todavía no estoy listo para tener relaciones, pero siento que tengo que hacerlo para liberarme de la intensa presión".[11]

Mientras que el 75 por ciento de los varones menores de dieciocho años han tenido relaciones sexuales, solamente el 25 por ciento ha tenido cuatro o más compañeras sexuales. Entre las muchachas, los porcentajes correspondientes son 56 por ciento y 21 por ciento. Evidentemente, un considerable número (la mitad de los chicos y la tercera parte de las chicas) está "probando" el acto sexual pero no llevándolo a niveles de promiscuidad ni pasando de compañero en compañero. Muchos, como el adolescente de *Nightline,* están "haciéndolo" sencillamente para liberarse de lo que perciben como el estigma social que implica ser vírgenes.

Las simples cifras y porcentajes de adolescentes que participan en actividades sexuales y que se hallan en riesgo de enfermar son escandalosos. La edad temprana a la cual los niños se están iniciando en las relaciones sexuales puede ser algo aún peor.

Las creencias y tradiciones de las familias y los hábitos de un amplio sector de la sociedad son los principales determinantes de la actividad sexual de la gente joven.

CUESTIONARIO DE DISCUSIÓN

Pregunta: ¿Qué es lo más aterrador que muestra el primer grupo de estadísticas?

Respuesta: Que los chicos empiezan su actividad sexual a una edad cada vez más temprana.

Pregunta: ¿Por qué los embarazos y la actividad sexual en la adolescencia representan un problema económico tan significativo?

Respuesta: El cincuenta por ciento de las madres adolescentes dependen de la seguridad social del Estado, 400 000 adolescentes tienen abortos provocados cada año, y tres millones contraen enfermedades de transmisión sexual. Todo esto representa un costo económico y un costo social y personal.

Pregunta: A la luz de estas estadísticas, ¿la frase "todos lo están haciendo" es precisa?

Respuesta: No. El 70 por ciento de las chicas de quince años y el 46 por ciento de las de dieciocho años son vírgenes.

Pregunta: ¿Qué opinas de lo dicho por el muchacho entrevistado en *Nightline*? ¿Has sentido esa clase de presión? ¿Qué haces para tolerar u oponer resistencia a la presión?

Pregunta: ¿Cuáles son tus opiniones personales acerca de los aspectos más alarmantes de estas estadísticas sobre actividad sexual?

VÍCTIMAS SEXUALES: MUJERES, NIÑOS, MATRIMONIOS Y FAMILIAS

Realidades

- Cuando a más de mil muchachas adolescentes de Atlanta se les preguntó qué era lo que más querían aprender en cuanto a educación sexual, el 84 por ciento contestó: "Cómo decir que no sin herir los sentimientos del otro".[12] Estas chicas, de dieciséis años o menores, escogían entre veinte temas relacionados con la sexualidad que se les presentaban.

- Dos terceras partes de las madres en edad de cursar estudios de secundaria tuvieron un compañero sexual que era por lo menos cuatro años mayor que ellas.[13] Más de la mitad de los padres de niños cuyas madres tenían entre once y quince años, eran mayores de dieciocho. Solamente una cuarta parte de los hombres que dejan embarazadas a mujeres menores de dieciocho años son también menores de dieciocho.[14]

- Las parejas que cohabitaron antes del matrimonio tienen 33 por ciento más probabilidades de divorciarse que las parejas que no convivieron antes del matrimonio. Las novias vírgenes tienen una probabilidad significativamente más reducida de divorciarse que las mujeres que tuvieron actividad sexual antes de casarse. Los novios vírgenes tienen, igualmente, bajas probabilidades de divorciarse. Las parejas que han cohabitado sin estar comprometidas o casadas tienen mayores probabilidades de consumir cocaína y otras drogas que las que tenían antes de empezar a convivir, y los novios que viven con la novia tienen mayores probabilidades de golpear a su compañera que quienes están casados. Consecuentemente, según Christopher Jenks, sociólogo de la Universidad de Harvard, las relaciones sexuales prematrimoniales "pueden, en última instancia, resultar un poco como fumar marihuana en los años sesenta. Viéndolo en retrospectiva, tal vez no es, después de todo, tan bueno para uno".[15]

- Cuanta más actividad sexual tengan las personas antes del matrimonio, mayores probabilidades tendrán de divorciarse.[16]
- Múltiples encuestas indican que la abstinencia prematrimonial, no la experiencia sexual, está asociada con una mayor satisfacción sexual matrimonial.[17]
- En los años cincuenta, nueve de cada diez mujeres se casaban sin haber vivido con sus compañeros, frente a una de cada tres a principios de los noventa.[18]

Comentario

Las chicas son con frecuencia víctimas de la persecución de hombres mayores o de la presión que ejercen sobre ellas compañeros mayores. Muchachas que en realidad no quieren tener relaciones sexuales suelen acceder para ganar aceptación, aprobación y afecto, a fin de librarse de la presión de su grupo para que lo haga. Más de ocho de diez quisieran poder decir que no. Las mujeres se convierten en víctimas porque la actitud femenina anterior común de decir: "Por favor, esperemos al compromiso", ha sido cambiada por la frase: "Por favor, usa preservativo". Tradicionalmente, los hombres trataban de apresurar las relaciones sexuales, mientras que las mujeres trataban de postergarlas. El advenimiento más temprano de las relaciones sexuales constituye la masculinización de una relación; pone en segundo lugar el compromiso, después de la satisfacción.

La estabilidad de la familia es puesta en peligro de manera evidente por la actividad sexual fuera del matrimonio, la cual destruye la confianza, mina la lealtad y engendra miedo e inseguridad. Como decía una mujer: "La muletilla del 'sexo sin riesgo': 'Usted se está acostando con todas las personas con las que se acostó su amante', tiene ahora una mayor resonancia. Uno está compartiendo espacio emocional con esas ex novias. La aceptación de las relaciones sexuales prematrimoniales hace muy difícil sustentar la fantasía de que lo quieren solamente a uno".[19]

La noción ampliamente aceptada de que es inteligente y prudente "poner a prueba" antes de comprometerse en matrimonio, es equivocada. La cohabitación previa pone en peligro los matrimonios en lugar de fortalecerlos. Y pese a todas las tendencias y cambios estadísticos en el tema del sexo, la más extrema y drástica transformación es la operada en el porcentaje de parejas que conviven antes del matrimonio. Una de cada diez en los años cincuenta ha dado paso a dos de cada tres, hoy en día: un aumento del 600 por ciento.

Las relaciones sexuales prematrimoniales, especialmente las ocasionales y recreativas en los años de la adolescencia, constituyen el factor anunciador y precursor por excelencia y más fuerte de las relaciones extraconyugales y de la infidelidad matrimonial, las cuales son, a su vez, la causa más común de divorcio. Y el divorcio es el factor que se relaciona más directamente con la drogadicción, la deserción escolar, los embarazos de adolescentes, el suicidio de adolescentes, el abuso sexual, los delitos y la violencia de adolescentes, y toda una serie de problemas sociales diversos. A la luz de esto, todos somos víctimas.

Los matrimonios y las relaciones con compromiso a largo plazo son frecuentemente las primeras víctimas, porque la actividad sexual prematrimonial puede ocasionar que se busque un atajo en el proceso de conocer a alguien. Cuando una pareja se lanza a la cama, su relación da un monumental salto hacia la intimidad. Es posible que la pareja se salte pasos importantes en el desarrollo de su relación, como el descubrimiento de intereses compartidos, la confianza y la intimidad emocional.

CUESTIONARIO DE DISCUSIÓN

Pregunta: ¿Crees que la mayoría de las adolescentes que tienen relaciones sexuales lo hacen realmente porque quieren, o porque han sido presionadas para que lo hagan (por un muchacho, o por su grupo)? ¿Cuáles estadísticas respaldan tu punto de vista?

Respuesta: Ochenta y cuatro por ciento quieren saber cómo decir que no sin herir los sentimientos del muchacho.

Pregunta: ¿Las estadísticas sustentan la creencia común de que es bueno "poner a prueba" al compañero antes del matrimonio?

Respuesta: No. Las parejas que han cohabitado antes del matrimonio tienen el 33 por ciento más de probabilidades de divorciarse que las que no lo hicieron. Y el uso y abuso de las drogas también es más común en parejas que convivieron antes del matrimonio.

Pregunta: ¿Cuál es el mayor cambio estadístico desde los años cincuenta en cuanto a prácticas sexuales?

Respuesta: El de las parejas que conviven antes del matrimonio: un aumento del 600 por ciento.

Pregunta: ¿Cómo compara el sociólogo de Harvard las relaciones sexuales prematrimoniales hoy en día con fumar marihuana en los años sesenta?

Respuesta: Al fin y al cabo, ninguna de las dos cosas es buena para quien las practica.

Pregunta: ¿Quiénes crees que son las víctimas sexuales reales?

Pregunta: ¿Cómo influyen estas estadísticas en tus puntos de vista sobre la sexualidad?

ACTITUDES SEXUALES

Realidades

- Setenta y cuatro por ciento de los padres tienen "serias dudas" sobre el beneficio de que sus hijos tengan relaciones sexuales antes del matrimonio.[20]
- Ochenta por ciento de los estadounidenses casados encuestados responden que nunca han tenido una aventura extramatrimonial.[21]
- Durante los últimos veinticinco a treinta años no ha habido prácticamente ningún cambio en las opiniones de los estadounidenses sobre el adulterio y las relaciones sexuales entre adolescentes. Una importante mayoría piensan que ambas cosas están siempre, o casi siempre, mal.[22]

- Mientras que cada vez menos personas expresan tolerancia hacia las relaciones sexuales extramatrimoniales, las actitudes hacia las relaciones sexuales prematrimoniales "adultas" son cada vez más permisivas.[23]

Comentario

Más del 80 por ciento de los padres casados nunca han tenido una relación extramatrimonial, e, independientemente de nuestra propia actividad sexual antes del matrimonio y de lo "liberales" que nos consideremos, el 75 por ciento de los padres abrigan la esperanza y el deseo de que sus hijos eviten las relaciones sexuales prematrimoniales. Un viejo chiste entre educadores sexuales es que un conservador es un liberal con una hija adolescente.

Las actitudes de los estadounidenses en relación con lo que está mal desde el punto de vista de la sexualidad es muy semejante a las actitudes de hace veinticinco o treinta años, con una sobresaliente excepción. Según el *U.S. News and World Report*:

> La revolución sexual dejó, evidentemente, una baja: la convicción anterior de los estadounidenses de que la virginidad debía ser entregada solamente en el lecho matrimonial. Claro que sabemos que los Estados Unidos no han sido siempre sexualmente inmaculados. Desde cuando llegaron los primeros colonizadores, muchos adolescentes y jóvenes se dieron uno o dos revolcones en el heno. Y siempre había una evidente doble moral para los hombres, de quienes se esperaba que "esparcieran su semilla", y las mujeres, de quienes se esperaba que se reservaran

para sus esposos. Sin embargo, existen diferencias fundamentales entre las relaciones sexuales prematrimoniales de los años sesenta, y de épocas anteriores, y las de los años noventa. A mediados de los años sesenta, muchas más mujeres eran vírgenes al casarse en comparación con lo que sucede hoy, y los hombres y mujeres que tenían relaciones prematrimoniales lo hacían más que todo con sus prometidos y prometidas. La cohabitación era relativamente rara, y los "matrimonios a la carrera" en favor de novias embarazadas eran comunes.

No solamente hemos abandonado el ideal de la virginidad, sino que hemos decidido colectivamente que abandonarlo proporciona beneficios reales. El artículo continúa:

La encuesta del *U.S. News* muestra que la mayoría de las personas menores de 45 años que la respondieron opinan que las relaciones sexuales prematrimoniales entre adultos generalmente benefician a la gente en aspectos muy apartados de la mera cuestión de ampliar su placer sexual. A diferencia de sus mayores, los adultos más jóvenes apoyaban cada vez más ampliamente el razonamiento en favor de las relaciones prematrimoniales, de que estaba bien "sembrar la semilla", siempre y cuando no se hiciera de manera promiscua. Menos de la mitad de los menores de cuarenta y cinco años pensaban que era conveniente que los adultos permanecieran vírgenes hasta el matrimonio. Y una mayoría de quienes contestaron la encuesta estuvieron de acuerdo en que haber tenido unos cuantos compañeros sexuales facilitaba la elección de un cónyuge compatible.

Esta manera de pensar pasa por alto el trauma emocional y el riesgo para la autoestima, sin mencionar el riesgo físico, que implican las relaciones sexuales prematrimoniales. Y los hechos contradicen la expectativa. Las mujeres que no llegan vírgenes al matrimonio están en un rango estadístico de probabilidades de divorcio mucho mayor que el de las que llegan vírgenes a él.

Existen una enorme inconsecuencia y una peligrosa ironía en tolerar las relaciones sexuales prematrimoniales, e incluso proclamar sus beneficios, a la vez que se condenan y denuncian las relaciones sexuales extramatrimoniales. Se trata sencillamente de lo siguiente: las relaciones sexuales prematrimoniales son el factor que más consecuentemente pronostica las relaciones sexuales extramatrimoniales. Quienes practican las primeras tienen mayores probabilidades de incurrir en las segundas.

CUESTIONARIO DE DISCUSIÓN

Pregunta: ¿La mayoría de las personas casadas tienen amoríos?

Respuesta: No. Más del ochenta por ciento de los adultos casados nunca han sido infieles.

Pregunta: ¿La mayoría de los padres prevén que sus hijos tengan relaciones sexuales antes del matrimonio?

Respuesta: El 74 por ciento de los padres tienen serias dudas sobre la conveniencia de las relaciones sexuales prematrimoniales para sus hijos y piensan que sería mejor que las evitaran.

Pregunta: ¿Cuál es la diferencia más sobresaliente entre las actitudes sexuales de los estadounidenses hoy en día y hace treinta años?

Respuesta: Los estadounidenses todavía piensan que las relaciones sexuales extramatrimoniales y entre adolescentes están mal, pero las relaciones sexuales prematrimoniales entre adultos se consideran ahora como algo aceptable e incluso benéfico.

Pregunta: ¿Qué pasa con esta actitud?

Respuesta: Las relaciones sexuales prematrimoniales entre adultos son física y emocionalmente peligrosas y con frecuencia conducen a las relaciones sexuales extramatrimoniales.

Pregunta: ¿De qué manera influyen estas estadísticas en tus actitudes personales acerca de las relaciones sexuales?

MENSAJES SEXUALES

Realidades

- Según una amplia encuesta realizada en 1996, solamente el 38 por ciento de la elite de Hollywood (productores, directores y demás) sentía preocupación por la manera como la televisión representaba las relaciones sexuales prematrimoniales, frente al 83 por ciento del público en general.[24]

- Los programas de televisión en las horas de mayor audiencia muestran hasta ocho representaciones de relaciones sexuales prematrimoniales por cada una entre parejas casadas. Y cuando se representan las relaciones sexuales prematrimoniales, solamente se expresa preocupación por las consecuencias en un cinco por ciento de los casos. "Lo que antes se consideraba un comportamiento desviado de la norma, hoy en día es tratado como la norma".[25]

- El contenido sexual de los programas televisados en las horas de mayor audiencia se ha cuadruplicado en los últimos veinte años.[26]

Comentario

Los medios de comunicación contemporáneos (cine, televisión y audiciones musicales) son casos típicos de como unas minorías que posan de mayorías ejercen un desproporcionado poder de influencia. Más de lo que quisiéramos admitir, nuestras propias prácticas y actitudes toman forma según lo que nos hace creer que es la norma. Los medios representan las relaciones sexuales prematrimoniales, ocasionales y semicomprometidas como la norma (y como exentas de consecuencias). La gente se encuentra adoptando ciertas actitudes y prácticas sexuales no porque lógica y razonadamente haya decidido que son lo mejor (o incluso que son lo que quiere) sino porque "todo el mundo lo está haciendo".

Si los padres no halan en la dirección contraria, los hijos aceptan el "consejo" que les dan los medios y el grupo de compañeros. Y con demasiada frecuencia ese consejo es: "Si te sientes bien haciéndolo, hazlo", "Vive el momento, busca la satisfacción inmediata", "No hables sobre las consecuencias ni te preocupes por ellas", "El sexo es recreación" y "Si no lo haces, es porque algo en ti marcha mal".

CUESTIONARIO DE DISCUSIÓN

Pregunta: ¿Qué quiere decir "una minoría disfrazada de mayoría"?

Respuesta: Los directores y productores de Hollywood están mucho menos preocupados por la representación en los medios de comunicación de las relaciones sexuales prematrimoniales y ocasionales que el público en general. El reducido número de personas que producen lo que presentan los medios nos hace pensar que la mayoría de la gente es como ellos y no como nosotros.

Pregunta: ¿Crees que los medios de comunicación influyen en el comportamiento público e individual o que sencillamente lo reflejan?

Pregunta: ¿Qué es lo que los medios de comunicación generalmente dejan por fuera de sus representaciones de las relaciones sexuales prematrimoniales y extramatrimoniales?

Respuesta: Las consecuencias.

Pregunta: ¿Qué puedes hacer para prevenir que las normas que difunden e imponen los medios de comunicación influyan en la manera como vives tu vida?

Lectura 5: Los culpables

Las estadísticas presentadas por el artículo anterior nos hacen preguntarnos: ¿por qué, si las consecuencias son tan funestas, son tan comunes las relaciones sexuales prematrimoniales? La gente no actúa con el propósito expreso de destruir a su familia, o de esclavizarse con embarazos no deseados y de tener que encarar el problema —imposible de resolver favorablemente— del aborto. Exponernos a la enfermedad física, al estrés y a la aflicción no es una opción lógica. Los impulsos y las tentaciones sexuales son fuertes, pero siempre lo han sido, y probablemente hoy en día tenemos mayor conciencia que nunca de las consecuencias de la promiscuidad. Así que ¿por qué están aumentando los casos y los costos? ¿Y por qué está en descenso la edad promedio de la iniciación sexual? ¿Por qué colectivamente elogiamos verbalmente la fidelidad matrimonial y la responsabilidad sexual, y, sin embargo, hay cada vez más y más personas que practican las relaciones sexuales ocasionales y recreativas?

¿Cuál es la causa? ¿Quiénes son los culpables? Hay por lo menos cinco:

1. La industria de la pornografía. Quienes producen y distribuyen pornografía deben aceptar su culpabilidad. *Porno* significa 'algo malvado o prostituido', y *grafía* significa 'lo escrito o visual'. La pornografía promueve las prácticas sexuales ocasionales y recreativas, e incluso las explotadoras y depredadoras, y mina el valor de esperar al compromiso verdadero.

2. Los medios de comunicación en general. La afirmación favorita de las personas vinculadas al cine, la televisión y otros medios, en el sentido de que éstos no influyen sobre la sociedad sino que simplemente la reflejan, es una estupidez, una racionalización claramente interesada. El elemento insidioso aquí es que gran parte de los medios de comunicación hoy en día están constituidos en realidad por una minoría disfrazada de mayoría. Y el mecanismo es más de *amoralidad* que de *inmoralidad*. Al dar a entender que todo el mundo le juega sucio a todo el mundo y que todos se acuestan en la primera salida, y al dejar de mostrar las consecuencias reales, los medios de comunicación hacen que las relaciones sexuales oca-

sionales aparezcan como la norma y hacen que quienes practican y buscan la castidad y la fidelidad parezcan que no llevan el ritmo de los tiempos y están pasados de moda. Los medios publicitarios, utilizando incansablemente la sexualidad para aumentar las ventas de sus clientes, también forman parte del grupo de culpables.

3. El complejo industrial de anticonceptivos. Aunque con frecuencia bien intencionados y siempre bajo la noble apariencia de la "protección", quienes venden anticonceptivos a los adolescentes, o les aconsejan que los compren, están facilitando y atizando las relaciones sexuales como recreación entre segmentos cada vez más jóvenes de la población.

4. Los programas de educación sexual integral. La educación sexual que va demasiado lejos —que va más allá de la maduración y los mecanismos sexuales, que trata esencialmente de entrenar a los niños en prácticas sexuales, sin poner el suficiente énfasis en la responsabilidad, la disciplina, o en el ideal de un matrimonio comprometido— con frecuencia induce a la participación precoz en relaciones sexuales experimentales que les dan paso a múltiples y graves problemas.

5. La mentalidad generalizada de justificación y racionalización. Cuanto más "normal", "promedio" y "común" se vuelve la actividad sexual ocasional, o cuanto más se piensa que tiene esas características, más respaldada se siente la gente en sus actuaciones. Es como si estuviéramos diciendo: "Diez millones de adúlteros no pueden estar equivocados", o "Ese cincuenta por ciento de las alumnas de secundaria que tienen actividad sexual no pueden estar del todo erradas". La "mayoría" que o bien practica o bien mira con

beneplácito las relaciones sexuales ocasionales, sin compromiso o comprometidas a medias, tiene un cierto poder persuasivo sobre los demás. Cualquier cosa que sea aceptada e impulsada tiende a moverse y a crecer.

Los anteriores son cinco de los culpables, pero posiblemente haya muchos más. Si queremos luchar contra ellos, ¿por dónde atacamos? ¿A cuáles de los culpables combatimos? ¿Deberíamos demandar a los productores y distribuidores de pornografía, boicotear los medios de comunicación hacia los que tenemos objeciones, y oponernos a la educación sexual integral y a la oferta de preservativos? Sí, quizás deberíamos, en la medida en que el tiempo y la oportunidad lo permitan. Pero podemos hacer algo mucho más importante y mucho más eficaz, con el tiempo, en la sociedad. Podemos comprometer nuestras propias vidas a la belleza de las relaciones sexuales como consumación, como compromiso y como parte esencial del matrimonio. Si un número suficiente de personas hace esto, la mentalidad general cambiará poco a poco y la mayoría modificará paulatinamente su actitud.

CUESTIONARIO DE DISCUSIÓN

Pregunta: ¿Qué conclusión saca el autor?

Respuesta: La gente puede comprometerse individualmente a hacer lo debido, y cuando un número suficiente lo haga, cambiaremos el mundo.

Pregunta: ¿De qué manera relaciona el autor este artículo con las estadísticas del artículo anterior?

Respuesta: Preguntando: ¿Si las estadísticas sobre consecuencias de las relaciones sexuales fuera del matrimonio son tan negativas, ¿por qué éstas están en aumento?

Pregunta: ¿Estás de acuerdo en que cada uno de los cinco culpables mencionados merece parte del peso de la responsabilidad por al aumento de la actividad sexual extramatrimonial y prematrimonial?

Pregunta: ¿Cuál de los culpables crees que es el peor?

Pregunta: ¿Cuáles de los culpables te afectan personalmente? ¿Qué puedes hacer para evitarlos o para combatirlos?

Lectura 6: Cómo cambiar *seguro* por *reservado*. Qué es verdaderamente seguro.

Fuera del matrimonio, el llamado "sexo seguro" —o relaciones sexuales seguras— es, en el mejor de los casos, un oxímoron, y en el peor, una falacia perversa y peligrosa. Los preservativos, no siempre funcionan ni para prevenir embarazos ni para prevenir enfermedades, e, incluso cuando éstos funcionan, las relaciones sexuales ocasionales no son, en modo alguno, seguras emocionalmente.

Lo que verdaderamente es seguro, y lo que va más allá de seguro hasta convertirse en emocionante y satisfactorio a largo plazo, es reservarse sexualmente hasta el momento oportuno. El cambio entre esas dos palabras, *seguro* y *reservado*, implica una gran diferencia. Incluso si el "sexo seguro" fuera un opción realista, ¿queremos verdaderamente una meta que cifra sus más importantes esperanzas en evitar la enfermedad, en evitar un embarazo no deseado, en evitar que nos sucedan cosas malas o peligrosas? ¿No existe una instancia más alta del pensamiento en la cual nuestras metas tengan que ver con asuntos positivos que queremos que sucedan en lugar de cosas negativas que deseamos que no sucedan? Tratar de evitar el daño es como ir a jugar un partido de baloncesto o de tenis con la meta de no torcerse el tobillo, o de no sufrir un infarto. ¿Qué tal la meta de ganar? ¿Qué tal la meta de la alegría? ¿Qué tal, en la esfera de la intimidad sexual, la meta de tener una relación segura y hermosa, comprometida, que dure largo tiempo, incluso toda la vida?

Una vez que elevamos nuestra meta y nuestro nivel de conciencia, el "sexo seguro" parece no sólo poco realista y arriesgado, sino también superficial, insensato y extremadamente miope. La meta, especialmente para nuestros hijos, no deberían ser las relaciones sexuales seguras, sino las relaciones sexuales reservadas para el momento oportuno.

Podemos asociar esa noción de "seguridad" con varias palabras: *falacia*, *frustración* y *fracaso*, al igual que con *fornicación* y con otras crudas y obscenas que simbolizan la bajeza que entrañan las relaciones sexuales ocasionales y sin compromiso. La palabra *reservado*, en cambio, puede ser asociada con *valores*, *virtudes*, *coraje*, e incluso con *virginidad*, esa palabra pasada de moda que, sin embargo, tiene hoy en día más relevancia y sabiduría que nunca. También podemos asociarla con la victoria sobre el yo, y con la disciplina y la satisfacción aplazada que forman siempre parte de reservar y ahorrar y que son indispensables para los estados más profundos de felicidad.

Reservar y ahorrar son esencialmente contrarios a gastar. En el sentido económico, quienes ahorran y guardan cuidadosamente, siempre están mejor a la larga que quienes gastan indiscriminadamente. Gastar genera placeres breves y pequeños. Reservar y ahorrar para después proporciona el poder y la alegría de lo grande y perdurable.

En cuanto a la intimidad sexual, pensamos demasiado poco en el largo plazo. A corto plazo, los beneficios de reservarse sexualmente son la seguridad emocional y física, una autoestima más alta y una mayor posibilidad de acceder pronto al éxito y al logro tanto en los estudios como en el ejercicio de la profesión. Pero los beneficios a largo plazo son incluso mayores. Al reservarse sexualmente, nuestros hijos mejoran sus probabilidades (cuantitativa y estadísticamente) de tener un día un matrimonio que perdure. Sientan las bases de lealtad, compromiso y disciplina que les ayudarán a construir y consolidar su propia familia y a tener un cónyuge y unos hijos que sean el centro de su felicidad a lo largo de la vida.

Usar un preservativo para evitar correr riesgos es como comprar un seguro contra bancarrota para hacer que el gasto indiscriminado e irresponsable sea "seguro". Si el seguro contra bancarrota sirviera para prevenir la quiebra, de todos modos no podría prevenir las consecuencias emocionales y sociales de la irresponsabilidad en los gastos, y ciertamente no podría nunca garantizar el éxito económico.

La definición de reservar o ahorrar es privarse de algo ahora para poder tener después algo mejor. Quienes lo hacen, en lo económico y en lo sexual, les llevan la delantera (y son más felices) a quienes no lo hacen.

Podría hacerse cualquiera de las siguientes reflexiones: "Pero es difícil". "A veces va contra mis instintos e impulsos físicos elementales". "No es realista". "No funcionaría". "Nadie más lo está haciendo". "Me priva de lo que necesito".

Las dos primeras aseveraciones son exactas. ¿Y qué? Así es la vida. Casi todo lo que tiene valor real es difícil, y la definición de madurez y disciplina es la capacidad de controlar y canalizar nuestros instintos y necesidades. Es difícil ganar dinero, ahorrarlo, y manejarlo con sabiduría, así como es difícil reservarse y conducirse sexualmente con sabiduría. El impulso de gastar es lo que lo hace difícil.

Las últimas cuatro aseveraciones están equivocadas. Encierran justamente las falacias contra las cuales debemos estar en guardia y de las cuales debemos proteger a nuestros hijos. No es poco realista reservarse sexualmente ni ahorrar dinero. Millones de personas sí lo hacen, y sí funciona. La afirmación final es la más aceptada y la más peligrosa de todas, tanto en el sentido económico como en el sexual. Confundir nuestros deseos con nuestras necesidades constituye la base de muchas decisiones equivocadas. Es posible que creamos que necesitamos un automóvil más nuevo o una casa más grande que los que podemos pagar. "Necesitarlos" parece tanto más legítimo y aceptable que el más sincero "quererlos". La gente no tiene una necesidad vital de participar en relaciones sexuales ocasionales o prematuras. No es una necesidad semejante a la de dormir o comer. No nos morimos si no lo hacemos. Es un deseo. Puede ser controlado y puede posponerse.

Las ramificaciones económicas y sexuales de ahorrar o reservar y de gastar son sorprendentemente similares... con una gran diferencia: Cuando uno se gasta el dinero muy pronto e irresponsablemente, el problema es sencillamente que éste se habrá esfumado y ya no estará disponible cuando uno lo necesite. Cuando uno malgasta su virtud antes de tiempo e irresponsablemente, se esfuma, también, y tampoco va a estar disponible cuando uno la necesite (para enriquecer el compromiso y la exclusividad amorosa de una relación de larga duración). Pero en el caso del sexo ése no es el único castigo. Cuando uno malgasta su virtud, no se trata simplemente de lo que a uno le faltará sino de lo que uno tal vez consiga. Uno de cada seis adolescentes sexualmente activos contrae una enfermedad de transmisión sexual. Así que para completar la analogía: además de despilfarrar todo el dinero, uno estaría colocando un cartucho en un revólver de seis cámaras, haciendo girar el tambor, llevándose el arma a la cabeza y oprimiendo el gatillo. O sea: jugando a la ruleta rusa.

CUESTIONARIO DE DISCUSIÓN

Pregunta: ¿Cuál, según el artículo, es la mejor protección contra los peligros físicos, emocionales y mentales de las relaciones sexuales?

Respuesta: Reservarlas para una relación madura y comprometida a largo plazo.

Pregunta: Según el autor, ¿cuál es el problema con el tradicional "sexo seguro", o sea con los preservativos o condones?

Respuesta: No son confiables y no funcionan siempre. Su meta es evitar algo malo, no lograr algo bueno. No protegen a la gente ni emocional ni mentalmente. Son una "solución" a corto plazo y no a largo plazo.

Pregunta: ¿Cuál es la definición básica de *ahorrar* o *reservar*?

Respuesta: Prescindir ahora de algo para poder tener algo mejor después.

Pregunta: ¿Cuál es la similitud entre "gastar el sexo" en lugar de reservarlo y gastar el dinero en lugar de guardarlo?

Respuesta: Se esfuma, ya no lo tendremos cuando lo necesitemos, y tendremos menos compromiso y "exclusividad amorosa" para dar.

Pregunta: ¿Cuál es la diferencia, el castigo adicional, que acarrea "gastar el sexo" y que no se aplica a gastar el dinero?

Respuesta: La probabilidad de una en seis de contraer una enfermedad de transmisión sexual.

Pregunta: ¿En qué aspectos crees que es mejor reservarse sexualmente que lo que llaman "sexo seguro"? ¿En qué medida te concierne a ti personalmente este artículo?

Lectura 7: Grados de abstinencia

El problema con la palabra *abstinencia* es que es susceptible de una interpretación demasiado amplia. ¿Quiere decir no tener relaciones sexuales antes de los dieciséis años? ¿Quiere decir esperar hasta el matrimonio? ¿Quiere decir esperar a estar seguro de estar enamorado? La cuestión es que hay varios grados de abstinencia.

Llamemos abstinencia de primer grado a la que implica esperar hasta que exista una relación más o menos madura y más o menos comprometida. Llamemos abstinencia de segundo grado a la que implica esperar hasta habernos comprometido formalmente. Y llamemos abstinencia de tercer grado a la que implica esperar hasta el matrimonio.

Si uno elige como su meta la de primer grado, uno puede contar con que las cosas van a ser mucho más fáciles que si hubiera elegido la de segundo grado o la de tercer grado. Al fin y al cabo, la de primer grado es la normalmente aceptada o ideal para la mayoría de los estudiantes de enseñanza secundaria y universitaria, y es bastante natural que los muchachos consideren que cualquier otro comportamiento sería irresponsable, azaroso, peligroso e incluso promiscuo. Si uno elige como meta la de primer grado, también tendrá de su lado a muchos expertos sociólogos y psicólogos, elogiándolo por haber optado por un enfoque "realista", "práctico" y "moderado". Es un grado de abstinencia por el que uno puede luchar, pues, aunque denote una actitud conservadora y de protección, no implica, sin embargo, ni mojigatería, ni puritanismo, ni una posición de extrema derecha. Al sentido de equilibrio de los estudiantes de enseñanza secundaria y universitaria les resulta atractivo: "No seas un perro, pero tampoco un santurrón. No te acuestes con cualquiera; en cambio lígate 'de veras' con alguien a quien quieras".

Así que el primer grado suena bastante bien, ¿verdad? Es alcanzable, práctico y posible.

Ah, cuán fácilmente nos sentimos atraídos por lo que suena fácil y aceptable. Pero pensémoslo mejor por un instante. Pensemos clara y críticamente en esta abstinencia parcial o intermedia, en esta "monogamia en serie", de un solo compañero a la vez. Claro que es mejor esperar a que haya un compromiso que descartar cualquier compromiso. Pero, sin llegar al compromiso verdadero de estar oficialmente prometidos o casados, ¿cómo definimos lo que el compromiso es realmente? La idea global del compromiso se vuelve superficial si carece de definición. "Bueno, estoy comprometida por un tiempo, creo. Es decir, él me gusta, y no estoy saliendo por el momento con nadie más. Nos sentimos bien cuando estamos juntos. No queremos estar con nadie más mañana por la noche. Somos una pareja. De modo que, sí, estamos comprometidos".

Profundicemos un poco en ese razonamiento preguntándonos cuánto dura un compromiso. "Bueno, hasta cuando dejemos de sentirnos a gusto mutuamente. Hasta que deje de convenirnos estar juntos. Quizá hasta cuando uno de los dos se gradúe... o conozca a alguien más... o lo que sea".

El problema es que uno puede sentirse bien, puede incluso sentir que está haciendo lo apropiado, con estos compromisos condicionados y a corto plazo, pero con frecuencia se trata simplemente de aventuras de una noche prolongadas y continuadas, y casi siempre terminan con sufrimiento. Los jóvenes dicen: "¡Estoy seguro (o segura) de que cuando terminemos seguiremos siendo amigos!" Pero no cuenten con ello. Sean cuales sean el dolor, la culpa y el pesar, éstos se multiplican cuando la aventura de una noche se convierte en una aventura de múltiples noches. Decir: "Estaremos juntos hasta que nos sintamos bien juntos, y luego continuaremos nuestro camino", es como decir: "Nos casaremos por un tiempo, y nos divorciaremos cuando ya las cosas no funcionen bien".

Pequeños "compromisos" de un mes o de dos meses son equivalentes a pequeños matrimonios de corta duración, con divorcio incluido. Y a pesar de lo que cualquiera diga, o espere o trate de creer, el divorcio, bajo cualquier nombre, es doloroso. El otro problema es que uno o más "minicompromisos" diluyen nuestra capacidad emocional y espiritual de contraer un "gran compromiso". El "por breve tiempo" mina el "por toda la vida".

Parte de lo que dijimos antes es totalmente cierto. Es más fácil apuntarle al gran blanco de la abstinencia de primer grado, pero es mejor —más difícil y mejor— fijarse como meta la abstinencia de segundo grado. Estar prometidos en matrimonio es haberse puesto de acuerdo en comprometerse para toda la vida, y la abstinencia hasta ese punto nos ayuda a evitar todo el "síndrome de la monogamia en serie" que llega a ser tan doloroso.

Si uno está de acuerdo en que la abstinencia de segundo grado es deseable, ¿por qué no llevarla hasta el final, y fijarse como meta la de tercer grado? Existe un gran atractivo superficial en la "lógica" del "noviazgo como ensayo de matrimonio". Y la nueva sabiduría tradicional de los campos escolares y universitarios es que "uno tiene que ver si es emocional y físicamente compatible con el otro antes de casarse". En otras palabras: "No compres un par de zapatos hasta que te los hayas probado".

No obstante, las estadísticas muestran lo contrario. Las parejas que conviven antes del matrimonio tienen una posibilidades considerablemente mayores de divorcio que las parejas que no cohabitan antes del matrimonio. La simple realidad es que guardar abstinencia sexual y la cohabitación hasta el matrimonio fortalece el compromiso matrimonial, profundiza la lealtad matrimonial y aumenta las posibilidades de tener un matrimonio duradero.

Basándose en ese hecho (y en sus propios sentimientos sobre lo que es mejor), ¿no estarían de acuerdo en que es mejor esperar hasta estar prometidos, y en que es incluso mucho mejor esperar hasta estar casados? Si esto parece como un "avanzar de modo poco realista", entonces vamos a avanzar paso a paso:

Paso uno: Cultiven una imagen y un concepto de las relaciones sexuales como algo positivo y hermoso, como lo más hermoso y espectacular del mundo.

Paso dos: Concluyan que son demasiado buenas para despilfarrarlas, demasiado especiales para tenerlas con cualquiera.

Paso tres: Entiendan la insensatez de las relaciones sexuales precoces y la ventaja de "reservarlas", y sitúense, al lo menos, en la actitud predominante que favorece la abstinencia de primer grado.

Paso cuatro: A medida que vayan siendo mayores en edad, amplíen esa manera de pensar y el mismo tipo de raciocinio (las recompensas, la satisfacción aplazada, e incluso las estadísticas) y asciendan a segundo y tercer grado.

CUESTIONARIO DE DISCUSIÓN

Pregunta: ¿Qué grado de abstinencia recomienda el artículo?
Respuesta: El tercer grado.
Pregunta: ¿Por qué?
Respuesta: Es más difícil, pero es más lógico y más provechoso.

Pregunta: ¿Cuál es el grado de abstinencia más fácil de poner en práctica?

Respuesta: El primer grado.

Pregunta: ¿Por qué?

Respuesta: Es una meta socialmente aceptable en las escuelas de secundaria y en las universidades, y se considera "realista". Además, puede ser modificada y racionalizada de manera que uno puede en esencia alcanzarla independientemente de lo que haga.

Pregunta: ¿Por qué la abstinencia de segundo grado no es una buena forma de compromiso?

Respuesta: Porque las estadísticas demuestran que las personas que cohabitan entre el noviazgo y el matrimonio aumentan sus probabilidades de divorcio.

Pregunta: ¿Qué es la monogamia en serie, y cuál es el problema que implica?

Respuesta: La monogamia en serie consiste en tener un solo compañero a la vez, y pasar de una relación monógama de corta duración a otra. El problema es que se parece a una serie de breves matrimonios y de sus correspondientes divorcios, con mucho sufrimiento emocional.

Pregunta: ¿Sugiere el autor que una persona debe comprometerse totalmente con la abstinencia del tercer grado?

Respuesta: No. Lo que se sugiere es que la persona empiece con la abstinencia de primer grado, (en la secundaria) y luego extienda el compromiso a la de segundo y tercer grado.

Pregunta: ¿Cuáles son tus opiniones personales sobre este artículo y qué implicaciones tiene para ti?

UNA CONVERSACIÓN CON PADRES QUE SE DIERON POR VENCIDOS POR RAZONES EQUIVOCADAS

Aunque somos antiguos condiscípulos de universidad, no hemos estado en contacto durante más de veinte años. No conocemos a sus hijos. Es una reunión de ex alumnos. Nos estamos poniendo al día. Hablamos acerca de lo que les preocupa de sus hijos.

—Cómo han cambiado las cosas —se lamentan—. ¿Se acuerdan de que no podíamos siquiera recibir visitas del "sexo opuesto" en nuestros dormitorios de la universidad? Ahora nuestras hijas llevan a sus novios a dormir a su habitación en casa, en nuestra casa. En noches diferentes a compañeros diferentes.

—Bromeas —decimos— (tengamos cuidado, no se vayan a ofender). ¿En casa? ¿Ustedes aprueban eso?

—Pues... no, realmente no. Pero ¿cómo lo podemos combatir? ¡Sucede en todas partes! Sencillamente decidimos que no queríamos forzarlos a frecuentar algún motel de mala muerte, o a tener relaciones en el asiento trasero del auto.

—¿Creen que sus hijas confunden "permitirlo" con aprobarlo?

—No. Ellas saben lo que pensamos..., creo. Simplemente nos dimos por vencidos y nos hacemos los que no vemos. No valía la pena destruir nuestra relación con ellas.

Preocupante, esta manera de pensar, esta "lógica". ¿Dejarían ustedes que sus hijos mintieran y robaran en casa para que no tuvieran que hacerlo por fuera? Pero es todavía más preocupante que estos padres se dieran por vencidos por razones equivocadas, que lo hicieran bajo la premisa falsa de que todo el mundo lo hace; de que no hacerlo está irremediablemente pasado de moda; de que nunca podrán influir en sus hijos tan profundamente como los medios de comunicación y como sus compañeros; de que hoy en día, conceptos tales como la abstinencia y aplazar la satisfacción nunca les resultarían atractivos a los jóvenes; que los padres que viven según sus propias convicciones y que tratan de inculcarlas provocarían en sus hijos una actitud de rechazo y harían que se distanciaran, destruyendo, por ende, la relación con ellos.

¡No es así! ¡No es así! ¡No es así! ¡No todo el mundo lo hace! Ni está de moda hacerlo así. Los padres pueden ejercer mayor influencia sobre sus hijos. Los verdaderos conceptos y las verdaderas convicciones tienen un atractivo profundo y resonante, ¡especialmente para nuestros propios hijos!

Otros padres se dan por vencidos por diferentes razones equivocadas. "No puedo enseñar abstinencia porque yo no la viví. Sería un hipócrita en enseñarles a mis hijos algo que yo no hice". ¿Hipócrita? ¿Tienen acaso alguna restricción para enseñar sinceridad por el hecho de haber mentido alguna vez? ¿Ser padres no es, en fin de cuentas, el arte de progresar? ¿El arte de que los hijos aprendan de nuestra experiencia? ¿No son acaso algunas de las más valiosas cosas que les enseñamos a nuestros hijos aquellas que hemos aprendido mediante el tipo de experiencias que esperamos que ellos no repitan?

El hecho es que muchos padres —tal vez la mayoría— quieren que sus hijos esperen, algunos por motivos de seguridad física, algunos para que estén protegidos emocionalmente, algunos por convicciones religiosas, algunos por el simple principio de que se debe aplazar la satisfacción, algunos porque creen que algo tan "pasado de moda" como la castidad forma parte del compromiso y es el precursor de la fidelidad que puede fortalecer y salvar el matrimonio de los hijos, la felicidad de los nietos, la estabilidad a largo plazo de su familia extensa.

Sea cual sea la razón, o las razones, la mayoría de los padres quieren que sus hijos esperen, desean que esperen, se preguntan si pueden esperar. *Desear, preguntarse* y *esperar* son palabras soñadoras. ¿Por qué no hacer más, por qué no hacer todo lo posible para ayudar a que esta espera se haga real, o para ayudar a cambiar lo que no ha estado marchando bien?

Notas

1   *The Lancet* 345 (enero 28, 1995): 240 y 344, núm. 8927 (oct. 1, 1994): 899.

2   *The Nation* 264, núm. 23 (jun. 16, 1997): 19, y *Current Health,* 20, num. 12 (oct. 2, 1993): 1.

3   *Atlantic Monthly* 274 (oct. 1994): 55

4   *Patient Care* 32, núm. 7 (abr. 15, 1997): 102.

5   *The Nation* 264, núm. 23 (jun. 16, 1997): 19, y *Current Health,* 20, núm. 12 (oct. 1, 1993): 1.

6   *Ibíd.*

7   *Insight on the News* 10, núm. 19 (mayo 9, 1994): 25.

8   *Patient Care* 31, núm. 7 (abr. 15, 1997): 102.

9   *Society* 30, núm. 6 (sept.-oct. 1993): 3.

10 *Current Health* 22, núm. 1 (sept. 1995): 1.

11 *Ibíd.,* p.2.

12 *U.S. News and World Report* 116, núm. 24 (jun. 20, 1994): 24.

13 *American Journal of Public Health* 86 (1996): 565-568.

14 *U.S. News and World Report* 112, núm. 19 (mayo 1997): 56.

15 *Ibíd.*

16 *B.Y.U. Report,* "Centered on Families", Verano 1997.

17 W.R. Mattox, "Good Sex Comes to Those Who Wait", *Family Policy* 6, núm. 6 (1984): 1.

18 *U.S. News and World Report* 122, núm. 19 (mayo 19, 1997): 56.

19 *Ibíd.,* pág. 57.

20 *U.S. News Survey. Ibíd.*

21 *Ibíd.*

22 *Ibíd.*

23 T.B. Heaton, *Family Trends,* 1997. Brigham Young University.

24 *U.S. News and World Report* 122, núm. 19 (mayo 19, 1997): 56.

25 *Ibíd.*

26 Kaiser Family Foundation, Reuter, dic. 12, 1996.

EPÍLOGO

Por qué los padres y las familias tienen la respuesta

━━━━━◆━━━━━

Deberíamos terminar donde comenzamos, con nosotros como padres, con nuestra guía y responsabilidad, con el simple (y dichoso, porque no lo querríamos de ninguna otra manera) darse cuenta de que en gran medida depende de nosotros. Algunos partidarios de claudicar dirían: "No podemos fijar las metas de nuestros hijos. Ellos mismos tienen que proponérselas". En vez de discutir esto, modifiquémoslo. Nuestra meta debe ser enseñarles, ayudarles, motivarlos y protegerlos el tiempo suficiente para permitirles fijarse ellos mismos las metas apropiadas. Los padres que buscan soluciones se convierten en la solución.

Cómo recobrar la autoridad

Una de las razones por las cuales este libro se presenta en gran parte en forma de diálogos y discusiones es que ésta es la manera más eficaz que conocemos para obtener información y para comunicarles a los niños información y sentimientos. La otra razón es que el estilo de los diálogos y las discusiones es lo suficientemente amistoso hacia quienes van dirigidos como para devolverles autoridad a los padres. Cuando sus hijos estaban pequeños, ustedes no dudaban en decirles lo que pensaban, lo que sentían, lo que deberían hacer y lo que no deberían hacer, y lo que era mejor para ellos. Con frecuencia, a medida que los niños van creciendo, los padres se vuelven tímidos, y esto coincide, infortunada e irónicamente, precisamente con la época en que los niños más necesitan orientación, dirección y límites.

Los diálogos, y el compromiso de ustedes de ser la principal influencia en la vida de sus hijos, pueden ayudarles a ustedes a recuperar la posición que les pertenece (y la seguridad) como padres.

La respuesta inicial de algunos padres respecto a ciertos diálogos es que tienden a insinuar su propio desenlace y son manipuladores, que tratan de llevar a los chicos hacia determinadas conclusiones sobre la abstinencia y la moderación. La verdad es que los diálogos respetan a los niños y les reconocen el mérito de ser capaces de pensar en las cosas de una manera lógica y de contestar preguntas de manera reflexiva. Y cuando esos diálogos tratan de orientar y de influir, no deberíamos disculparnos. Como padres, nuestro trabajo y nuestro papel deben consistir en guiar, dirigir e influir para bien. Las poderosas y multimillonarias industrias de la publicidad y de los medios de comunicación no están escatimando nada en sus intentos de influir sobre nuestros hijos y de manipularlos. Su constante presión en favor de la satisfacción y la complacencia inmediatas y momentáneas, requiere todos nuestros esfuerzos para contrarrestar esa tendencia y todos los ataques preventivos de que seamos capaces.

Medicina preventiva

Ningún padre cuidadoso y preocupado dejaría de vacunar a sus hijos o de proporcionarles atención médica para preservarles la salud. Y todos reconocemos que la medicina preventiva es preferible al tratamiento después de que la enfermedad ha empezado.

Sacar el tiempo, y hacer el esfuerzo, para enseñar moderación y responsabilidad sexuales equivale a una "vacuna" tanto emocional como física. Con la vacuna contra el sarampión, una especie de imitación de la enfermedad se le introduce en el cuerpo de manera que el organismo desarrolle anticuerpos o resistencia. De manera similar, los diálogos y representaciones de situaciones llevados a cabo entre padres e hijos menores les hacen encarar a éstos últimos la clase de presión e influencia que encontrarán más adelante, pero en un escenario seguro y controlado, de "práctica", con los padres presentes allí para ayudar. El niño desarrolla anticuerpos o resistencia mental y emocional y desarrolla patrones conceptuales claros que harán que pueda salir airoso contra las aflicciones a las que se enfrentará en los años venideros.

Temas íntimos, escenarios íntimos

Una de las más atractivas metáforas para describir un buen hogar es la de "un puerto seguro para guarecerse de la tormenta". En la vida de nuestros hijos, el hogar no debería ser solamente un sitio seguro, sino un sitio donde pueden aprender a vivir sin peligro.

Así como no queremos que el mundo les haga daño a nuestros hijos, no queremos irritarlos ni desilusionarlos ni engañarlos o tomarlos por sorpresa. Las buenas conversaciones son como experiencias en cuerpo ajeno. Algunos de los principios de la seguridad y la moderación, e incluso unas buenas tácticas para tomar decisiones, pueden aprenderse sin haber pasado por la escuela de la vida, porque podemos transmitirles a nuestros hijos muchas de nuestras experiencias y opiniones.

Cuanto más íntima sea la materia, más importante es que se enseñe en un ambiente íntimo. Las escuelas, los compañeros, y el resto del mundo les enseñarán a nuestros hijos mucho sobre sexualidad, pero el meollo de lo que sepan, y, lo que es más importante, de lo que sientan respecto a las relaciones sexuales, debería ser aprendido en el escenario donde esperamos que algún día el acto sexual tenga su consumación: en el hogar, en su propio entorno familiar.

Cómo equilibrar la severidad y la confianza

¿Recuerdan el estudio a que nos referíamos antes, que señalaba que los padres demasiado estrictos ocupan apenas el segundo lugar, después de los padres demasiado laxos, en perder a sus hijos por la drogadicción, la promiscuidad sexual y otras formas de rebeldía? Los padres que aprenden a equilibrar la firmeza y la flexibilidad gozan de mayores oportunidades, así como sus hijos, en el mundo de hoy.

La clave de este equilibrio es aprender a combinar *reglas* y *razonamientos*, de manera que los hijos miren el modelo de comportamiento de sus padres como algo lógico y capaz de generar buenos resultados y consecuencias. Una vez que las reglas se establecen mediante discusiones lógicas y razonamientos de causa y efecto, los padres quedan en posición de ser flexibles y de hacer excepciones para "demostrar confianza", según lo indiquen las circunstancias. Por ejemplo, si su hijo de quince años tiene las doce de la noche como hora límite para regresar a casa los fines de semana, y llama el sábado por la noche a las 11:45 a decir que el vídeo que él y sus amigos están viendo dura otros veinte o treinta minutos, y que tiene alguien que lo puede llevar a casa, y que llegaría antes de las 12:30, harán bien en decirle: "Gracias, hijo, por llamar para que no nos preocupáramos. No hay ningún problema". (Tal vez quieran hacer una pregunta por el estilo de: "¿Quién te traerá?" o una exhortación como: "Pero que no se nos vuelva costumbre", pero lo que comunican es confianza y seguridad y aprecio por el hecho de que toma en serio lo del tiempo límite.

Otro ejemplo: Supongamos que han establecido la norma de que ninguno de sus hijos salga con alguien del sexo opuesto antes de los dieciséis años, que han conversado con ellos y les han explicado extensamente la razón de ser de la norma (y ésta es una norma razonable y adecuada). Su hijo de quince años, que cumple dieciséis dentro de dos meses, está loco por ir al baile de Navidad de la escuela. En vez de interpretar la norma de manera arbitraria y rígida, lleguen a un acuerdo de una "salida en grupo" con otras parejas, a las cuales lleven y recojan los padres.

A menudo los padres dejamos de darles a los hijos la seguridad y la demostración de amor y preocupación que los límites y las reglas proporcionan. La severidad y la confianza, como la responsabilidad y el respeto, ¡son complementarios, no contrarios!

La realidad frente a la teoría: cómo enseñar por lo que somos

Sí, sabemos que ya lo hemos dicho, pero no sobra repetirlo: No dejen de enseñarles a sus hijos lo que ustedes creen que es mejor y más seguro para ellos simplemente porque ustedes no hicieron lo mismo cuando estaban jóvenes. Recuerden que la cuestión no se centra en ustedes ni en su pasado. Gira alrededor de sus hijos, alrededor de lo que está pasando ahora y de lo que pasará (o debería pasar) en el futuro. Un buen padre quiere que sus hijos se beneficien de algo que él no hizo a la perfección, de la misma manera como se benefician de algo que hizo bien.

Además, los tiempos han cambiado y los padres pueden haber

cambiado también, más de lo que se dan cuenta. Si ustedes tuvieron más relaciones sexuales en su juventud de las que quisieran para sus hijos y, sin embargo, forman parte del ochenta por ciento de personas casadas que nunca han tenido una aventura extramatrimonial, entonces están viviendo lo que predican.

En cualquier caso, tengan presente la meta: proteger a sus hijos y maximizar sus posibilidades de llevar una vida feliz y de establecer relaciones duraderas.

Deben maximizar lo que ustedes sean y que armonice con lo que ustedes quieren para sus hijos; deben darle énfasis a ese aspecto, señalarlo, hablar sobre él. Si están casados y aman a su cónyuge, y se sienten leales y comprometidos con él o ella, *díganselo* a sus hijos. Hagan que los hijos vean ese afecto. Hablen sobre lo especial que es el amor mutuo y el ser leales y fieles el uno hacia el otro.

Porque las razones positivas son más motivadoras y más perdurables que las negativas, es importante basar todas las conversaciones en el tema "hermoso y espectacular", y establecer la felicidad y el regocijo (en lugar del temor) como las principales razones que sustentan la necesidad de saber sobre la sexualidad y de enfocarla sabiamente. Si el regocijo es el mensaje y el motivo, a los niños se les proporciona algo por lo cual luchar, en vez de darles algo para evitar. Procuren ser modelos de lo que enseñan. Si forman parte de una familia en la cual los padres están juntos, deberían vivir el tema "hermoso y espectacular" y ser ejemplos de éste. Permítanles a sus hijos observar en ustedes lo que ustedes quieren que ellos aspiren a tener en su propio matrimonio.

Existen dos evidentes beneficios en hacerlo de esta manera:

En primer lugar, sus hijos serán más felices y tendrán más por lo cual luchar. En segundo lugar, ¡ustedes serán más felices por estar luchando!

El resumen de Linda

Permítanme empezar diciendo lo triste que me parece que tantos niños en nuestra sociedad sean educados por instituciones. Antes las instituciones eran escuelas, iglesias, hospitales, al igual que residencias para los enfermos mentales, los inválidos, los ancianos, los incorregibles y los huérfanos. Hoy debemos incluir en nuestra lista de instituciones al cine, la televisión, las revistas, los diarios, los juegos de computador, Internet, el supernintendo, y toda una gama de instalaciones para atender a los niños. Un escandaloso número de niños hoy en día deriva su sistema de valores del aspecto aparentemente ingenioso y la mirada adusta de las imágenes de MTV, y son supervisados, aconsejados y nutridos por un equipo de personas contratadas por horas para atenderlos.

¿Qué haremos los padres? —nos preguntamos, levantando los brazos en ademán de impotencia. ¡Los medios de comunicación nos controlan! El trabajo no nos deja tiempo para los niños". Muchos padres, en esencia, se han dado por vencidos. Por cualquier razón: sus propias malas experiencias en la infancia, su pérdida de sensibilidad o sensatez, el alcoholismo, la drogadicción o sencillamente la falta de interés en ejercer la patria potestad. Muchos padres no les enseñan a los hijos los principios y los valores que podrían enriquecer su vida. Por esta razón, todos deberíamos estar agradecidos por la red de seguridad que proporcionan las Iglesias y la educación religiosa, las organizaciones de jóvenes, los clubes para niños y niñas, los profesores comprensivos, y la educación sexual sana en las escuelas. Pero subsiste una realidad: No existe un sitio como el hogar para enseñar, para alimentar, para amar y para educar a nuestros hijos en la vida y en el amor.

Uno de mis más preciados bienes es una hermosa escultura en bronce de un bebé, del tamaño de una mano; un trozo de metal que personifica la alegría y la inocencia de un niño recién nacido, todavía en posición fetal, acabado de entregar por las manos de Dios. Creemos que la mente de cada niño es como una semilla, lista para crecer según lo bien que sea cuidada. El mejor cuidado incluye la comunicación emocional y el amor natural e incondicional que solamente pueden dar el padre o la madre. Nutran a sus hijos con cosas que ustedes aman, rieguen ese interés exponiéndolos a lo que ustedes quieren que ellos sepan, abónenlos enseñándoles los principios correctos de manera que puedan tomar por sí mismos buenas decisiones, y expónganlos a la luz solar del elogio para que recuperen confianza en sí mismos. Y háblenles sobre el amor, en su más exquisito sentido.

Una carta de nuestra hija, orgullosa madre de nuestro primer nieto, dice: "¡Me sorprende que la carita de este bebé no esté totalmente gastada a besos!" ¡Los bebés son tan tiernos y fáciles de amar! Las cosas se ponen más difíciles a medida que nos abrimos paso por los terribles primeros dos años y empezamos a ver en el comportamiento de nuestros hijos cosas que no aprobamos. Si no continuamos hablando y sacando a conciencia el tiempo necesario para hablar de sentimientos, nuestros retoños crecerán salvajes y a veces se saldrán de nuestro control.

"¡Pero yo no me comunico muy bien porque mis padres no se comunicaban bien!" y "¡Mi hija simplemente no me dice lo que siente!" son respuestas que oímos a menudo por parte de padres exasperados. Nos dicen que están preocupados por lo que su hijo piensa o siente. Se sienten frustrados porque no saben cómo comunicarse con sus hijos. Esperamos que los diálogos de este libro les ayuden en ese sentido. Tampoco yo era, al comienzo, una gran comunicadora. Pero la frase clave en este tema es: ¡Simplemente hágalo! Oblíguese, procure, prémiese... haga lo que sea necesario para que su hijo sepa que lo ama lo suficiente para quererle enseñar principios sólidos, para hacerle saber lo que usted piensa, siente y cree sobre la sexualidad y cómo una actitud sana respecto a ésta marcará una profunda diferencia en su vida.

En mi iglesia estoy trabajando con un grupo de 33 muchachas, en edades desde los doce a los dieciocho años. El pasado domingo les entregué a diez de las mayores, de dieciséis años en adelante, un cuestionario para que lo contestaran anónimamente. Cada una de ellas se sentó en un lugar aislado de un gran salón, a fin de asegurar total privacidad. El tema del cuestionario era la vida en un mundo lleno de influencias destructivas. Había preguntas relacionadas con la manera como se sentían acerca de la ayuda que recibían por parte de la iglesia y la casa para evitar las malas influencias y animándolas a hablar sobre las drogas, entre ellas el alcohol, y la sexualidad. Sería difícil encontrar mejores familias que las diez de las cuales provenían estas chicas, lo cual hace que fueran aún más sorprendentes sus respuestas. De diez, siete dijeron que aunque sentían que la iglesia se interesaba en ayudarles a evitar influencias destructivas o negativas, rara vez, o nunca, hablaban sobre estos asuntos con sus padres. La mayoría dijo que no pensaba que sus padres conocieran de verdad sus problemas, y por eso preferían hablar sobre éstos con sus amigas. Varias decían anhelar que sus padres les preguntaran más sobre sus sentimientos y problemas, y les hablaran más sobre las soluciones de una manera exenta de juicio.

Hablarles a sus hijos sobre la sexualidad, en casa, es la respuesta a más problemas sociales de lo que se imagina. Si todos nosotros, los padres, construyéramos nuestra propia fortaleza de amor a base de construir relaciones de confianza, sinceridad y amor desde el momento en que el recién nacido es colocado en nuestros brazos, no cabe duda de que, individual y colectivamente, ¡cambiaríamos el mundo!

El resumen de Richard

Voy a ser un poco etéreo en estas últimas palabras, y espero que eso no vaya en detrimento del tono práctico, viable, estilo "mundo real", que hemos tratado de darle a este libro. Quiero contarles algo de la fábula personal basada en las experiencias que Linda y yo tuvimos cuando apenas estábamos comenzando nuestra familia. Espero, con esto, ampliarles la perspectiva de que hablarles concretamente a los hijos acerca de la sexualidad puede ayudarles a ellos (y a ustedes) de manera mucho más amplia.

Linda y yo estábamos en Jackson Hole (Wyoming), los dos

solos, disfrutando de unas breves vacaciones, las primeras desde nuestra luna de miel, y era la primera vez que nos alejábamos por un tiempo de nuestras pequeñas hijas. Se suponía que fuera un breve descanso de las exigencias de la crianza. El problema era que, después de los dos primeros días, extrañábamos a nuestras dos chiquillas con locura y nos estaba costando trabajo pensar en cualquier otra cosa.

Esa noche, al caer el sol, tuvimos una especie de experiencia mística a la sombra de las montañas. No se trataba de algo que hubiéramos pedido, por lo menos en ese momento no parecía serlo, y no es fácil de explicar. Algunos lo llamarían una epifanía, o una inspiración, o una especie de visión. Sea lo que fuera, tuvo una influencia profunda en nuestra vida y fue, en cierta forma, la génesis de este libro.

Estábamos sentados sobre el madero de una cerca, tras haber conducido nuestro auto hasta ese mirador, con el único propósito de observar esos espectaculares picos cortados y ver cambiar los colores cuando el sol se ocultara detrás y los convirtiera en siluetas. Habíamos estado hablando sobre nuestras hijas y, aunque guardábamos silencio en ese momento, sabía que Linda estaba pensando en ellas. Al igual que yo, que pensaba en nuestro amor hacia ellas, y en lo que esperábamos y soñábamos para ellas, y en la imponente tarea de ser padres y en cómo tener éxito en ese nuestro nuevo papel.

El tiempo parecía prolongarse. El cielo y las montañas pasaron del ocaso a la noche muy gradualmente, y nuestras mentes, al igual que nuestra visión, parecían inusitada y excepcionalmente claras.

Me parecía que podía ver, a increíble distancia, cada uno de los abetos que se alcanzaban sobre el Gran Teton. Con claridad mental, surgieron de repente dos conceptos que parecían iluminados y patentes; dos conceptos que, sin lugar a dudas, reconocí como las claves de nuestra labor como padres y de la felicidad de nuestros hijos. No eran conceptos de los cuales hubiéramos hablado o en los cuales hubiéramos pensado largo rato, y no fueron entrando lentamente a nuestras mentes, ni fueron el resultado de discusiones, ni de estudio, ni de "tormentas de ideas". Sencillamente estaban allí, completos, claros, y tan innegablemente ciertos, que parecía como si todo el mundo debiera saberlos, como si todos los padres que aman a sus hijos debieran comprender que éstas son las dos necesidades indispensables. No puedo decir si los conceptos llegaron por medio de alguna voz interior o si el pensamiento y el mensaje tenían tal claridad que no precisaban de palabras y simplemente existían como algo que yo sabía. Al tratar de explicarle a Linda lo que sentía, los dos conceptos aparecían con una claridad que trascendía las palabras que estaba utilizando para explicarlos. Es por eso que será difícil comunicarlos ahora, porque son algo más que palabras. Pero si usted, lector o lectora, trata de acercar un poco su mente al lugar que ocupaban las nuestras esa noche (centrado su pensamiento en el amor por sus hijos y en sus preocupaciones acerca de cómo educarlos en el mundo de hoy), entonces tal vez sienta esas dos respuestas como las sentimos nosotros esa noche.

El primer concepto que se presentó poderosamente fue el de la *comunicación*. Era casi como si pudiera ver crecer a nuestras hijas, como si viera el desarrollo de su vida desde la infancia, pasando por la adolescencia, hacia la edad adulta, bajo el poderoso influjo del grupo de compañeros, de los medios de comunicación, con la dificultad de las decisiones y el dolor de las decepciones, y vi claramente cómo cada reto se hacía más llevadero y cómo cada pedacito de amor era magnificado por nuestra comunicación con ellas y la de ellas con nosotros. La comunicación se convirtió de repente en un concepto que quería decir confianza, compartir, coraje y seguridad. Y me di cuenta de que era el antídoto contra la rebeldía, el miedo, la alienación, y los errores ingenuos y peligrosos. Si tan sólo pudiéramos mantener una comunicación abierta con ellas mientras crecían, si no hubiera secretos, ningún tema vedado, si no hubiera distancia generacional, si no hubiera mentiras grandes ni duraderas, tendríamos, con el tiempo, éxito como padres.

Habíamos pensado en la comunicación y habíamos hablado sobre ésta antes, pero este concepto, esta poderosa necesidad, era ahora sumamente clara y completa. La comunicación abierta con nuestros hijos los salvaría. Lo vi con claridad. Hacía posible toda otra buena meta que nos fijáramos como padres. Y sin ella todo peligraba, se salía de nuestra esfera de influencia, y puede incluso que no nos enteráramos sino cuando fuera demasiado tarde.

El otro concepto era un término que probablemente nunca había utilizado antes; sin embargo, en la aguda receptividad de esa noche, parecía contrarrestar todas las fuerzas negativas en el mundo en que crecerían nuestros hijos, y sobre las cuales habíamos estado hablando: toda la autocomplacencia, el materialismo, el deseo de tenerlo todo, de hacerlo todo y de serlo todo ahora mismo. El término utilizado una y otra vez en este libro era entonces nuevo para mí. Era el de *aplazar la satisfacción.* Supe en ese momento, con certeza, que si encontrábamos una manera de enseñar, de comunicarles verdaderamente a nuestros hijos tanto la sabiduría de esperar, de ahorrar, de reservar, de guardar moderación —en suma, de aplazar la satisfacción—, como la alegría que éstas entrañan, estaríamos protegiéndolos de las más frecuentes causas de fracaso económico y de infelicidad personal, y estaríamos dándoles la fórmula para forjar una vida estable, equilibrada y plena.

Pasamos los últimos días de nuestras vacaciones hablando sobre los dos conceptos y sobre lo misteriosa y claramente que habían hecho su aparición esa noche, al ocultarse el sol y cuando se levantaba la luna.

Las dos "soluciones" no se debilitaron ni flaquearon frente a la discusión. Se fortalecieron. Pensamos en amigos que tenían problemas con sus hijos y nos dimos cuenta de que, en cada caso, una comunicación mejor o una mejor aplicación del concepto de aplazar la satisfacción, podrían haber ayudado a evitar o a solucionar el problema. Empezamos a creer en lo que todavía creemos: que cualquier padre que haga hasta lo imposible por mantener abierta la comunicación con sus hijos y que trabaje constantemente para ser ejemplo y para enseñar el principio de aplazar la satisfacción de todos los deseos, antojos y apetitos, tendrá éxito, y que los hijos de unos padres así prosperarán y sobrevivirán física, emocional y espiritualmente.

Hay una "segunda parte" en esta epifanía personal, y es la parte asociada directamente con este libro. Casi diez años después, cuando nuestro tercer hijo, Josh, se acercaba a los ocho años, estaba por casualidad nuevamente en Jackson, esta vez en un paseo de pesca, navegando por el río Snake en un bote de caucho. Pensaba en Josh y en la "charla de los ocho años" que tendríamos con él a la semana siguiente. Mientras la corriente del río me arrastraba, miré los montes Teton iluminados por el sol y fui retrotraído a la experiencia de diez años atrás, cuando miraba las mismas montañas.

Lo capté en ese mismo momento —con la misma claridad repentina— y vi que, con mucho, lo más significativo que habíamos hecho con nuestras dos hijas para inculcarles los conceptos de comunicación y de aplazamiento de la satisfacción, eran las charlas que habíamos sostenido con ellas sobre sexualidad. Era como si se completara una respuesta, como si, después de diez años, el mensaje quedara completo. Entendí, en ese momento, que con todos los esfuerzos que habíamos hecho desde cuando nos habíamos comprometido con esos dos conceptos, nada los había hecho avanzar, los había implementado, los había activado tanto como nuestros intercambios recientes de ideas acerca del crecimiento, la pubertad, el sexo, el amor romántico y el matrimonio.

El carácter íntimo de estos temas había permitido que hubiera con nuestras hijas una comunicación más cálida, más respetuosa, más participativa y confiada, de lo que hubiera generado cualquier otro tema en ese momento. Había abierto un canal de comunicación y de confianza emocional gracias al cual sentíamos una nueva seguridad de que podíamos, y siempre podríamos, ser capaces de comunicarnos con nuestros hijos sobre cualquier cosa y sobre todas las cosas. Y este tema, a medida que meditábamos sobre él, estaba más directa y profundamente relacionado con la importancia de aplazar la satisfacción que cualquier otra cosa sobre la cual hubiéramos hablado o fuéramos a hablar. Nos dimos cuenta de que había preparado el escenario en que se podría hablar de otras maneras de aplazar la satisfacción.

Nuestras conversaciones sobre sexualidad no significaban cerrarle la puerta a ese tema sino abrir otras puertas que nos permitían hablar y enseñar principios de responsabilidad y moderación, de buscar y reservar.

Ese día dije una breve oración a medida que me deslizaba bajo el esplendor de las montañas. Era una oración de gratitud por la luz y el entendimiento que había recibido allí diez años atrás.

La sencillez y la validez de lo que recibí en las montañas esa tarde de otoño, y esa mañana de otoño diez años después, han sido realmente las motivaciones de este libro. Desde entonces hemos sostenido las charlas de los ocho años con Josh y otras seis veces, una por cada uno de nuestros otros hijos. En todas las oportunidades, estas charlas sobre sexualidad nos han acercado a nuestros hijos emocional y espiritualmente. En cada ocasión, los principios de que hablamos "echaron raíz" y ejercieron una influencia profunda en el comportamiento y en la seguridad emocional y física de cada uno de nuestros hijos. En cada oportunidad, la charla abrió la comunicación y reforzó el grado de confianza y comunicación que ha perdurado y nos ha dado una visión más clara del principio de aplazar la satisfacción. Hemos puesto en práctica este principio en toda clase de asuntos y situaciones, y creemos que literalmente salvará a nuestros hijos.

La montaña nos llevó hacia allí. ¡Esperamos que, para ustedes, este libro sea esa montaña!

Cómo encontrar un grupo de apoyo

En la medida en que hemos recibido reacciones y opiniones de los padres que han oído nuestras ideas sobre la enseñanza del comportamiento sexual a los niños, o que han leído sobre éstas, una inquietud expuesta por ellos nos obliga a hacer una pausa para responderla al final de este libro. Es algo así: "Todo me parece bien. Creo que es la mejor opción. Quiero enseñarles a mis hijos casi todas las cosas de las que ustedes hablan, quiero convencerlos de ejercer la responsabilidad sexual y la moderación, pero simplemente no creo que pueda hacerlo... al menos, no sin ayuda. Necesito un grupo de apoyo de alguna clase, no simplemente para reforzar lo que les enseño a mis hijos, sino para darme refuerzos a mí".

En cierta forma, esta inquietud nos hace sentir culpables. Tratamos de ayudarles a los padres a recuperar la autoridad, de decirles que lo pueden hacer, de decirles que muchos padres lo hicieron y lo están haciendo, incluso de decirles que nosotros lo hemos hecho. Pero allí nos detenemos. Y cuando somos verdaderamente sinceros con nosotros mismos, admitimos que no podríamos haberlo hecho solos. Ningún padre puede. Los padres pueden ser el centro, el pilar, pero a su vez necesitan apoyo. En nuestro caso, ese apoyo provino especialmente de nuestra iglesia, la cual enseña responsabilidad, moderación y, sí, *virtud*. Nuestra iglesia refuerza y respalda nuestra posición, y nos motiva a hacer nuestro mejor esfuerzo como padres.

Así que no podemos concluir sin sugerir que encuentren algo semejante. Algunos de ustedes ya cuentan con ese algo: una iglesia, un grupo de padres, una escuela privada orientada hacia los valores, algo que refuerce los valores que ustedes enseñan y que los mantenga motivados a continuar con esta enseñanza. Si no cuentan con ese apoyo, búsquenlo, busquen algo más grande a lo cual pertenecer.

10/01   1   9/01
4/06   ⑤   11/03
11/08   11   3/08
7/10   12   1/00.
11/12   ⑰   9/12
3/19   ㉑   5/18